先生歸来兮

蔡元培，以美育改变中国

蔡元培　冯友兰　等著

中国文史出版社

图书在版编目（CIP）数据

先生归来兮. 蔡元培，以美育改变中国 / 蔡元培等著.—北京：中国文史出版社，2019.10

（百年中国记忆 · 教育家）

ISBN 978-7-5205-1257-2

Ⅰ. ①先… Ⅱ. ①蔡… Ⅲ. ①蔡元培（1868–1940）—纪念文集 Ⅳ. ①K825.46-53

中国版本图书馆CIP数据核字（2019）第188558号

执行主编：张春霞
责任编辑：高　贝

出版发行：中国文史出版社
社　　址：北京市海淀区西八里庄路69号院　邮编：100142
电　　话：010-81136606　81136602　81136603（发行部）
传　　真：010-81136655
印　　装：廊坊市海涛印刷有限公司
经　　销：全国新华书店
开　　本：787mm × 1092mm　1/16
印　　张：18.25
字　　数：245千字
版　　次：2020年1月第1版
印　　次：2025年2月第3次印刷
定　　价：59.80元

蔡元培（1868—1940）

1908 年，留德时期的蔡元培

1917 年，北京大学文科英文学门第一次毕业合影

1921 年 8 月，蔡元培率中国教育代表团在檀香山

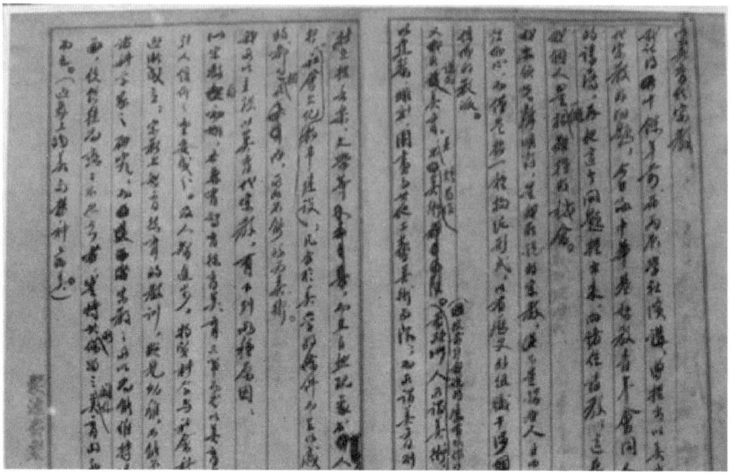

蔡元培手稿

蔡元培故居

目录

第　一　辑

生平际遇：
从翰林名士到教育救国的先行者

和睦融洽的商贾之家

蔡元培

绍兴山阴县笔飞弄故宅

前清同治六年（1867年）丁卯十二月十七日亥时，我生于浙江省山阴县城中笔飞弄故宅。

那时候，山阴县属绍兴府。绍兴府有八县，山阴、会稽两县署与府署同城，自废府以后，乃合山阴、会稽两县为绍兴县。笔飞弄是笔飞坊中的一弄。相近有笔架山、笔架桥、题扇桥，王右军（即王羲之）舍宅为寺的戒珠寺，王家山（即蕺山）。相传右军在此的时候，一老妪常求题扇，有一日，右军不胜其烦，怒掷笔，笔飞去，这就是笔飞坊的缘故。此说虽近于神话，但戒珠寺山门内有右军塑像，舍宅为寺的话，大约是可靠的。

世代经商

我家明末由诸暨迁至山阴，我祖先有营木材业者，因遭同行人妒忌，被斧砍伤，受伤后遂不复理木材业。自此祖又两世，至我曾祖，行四。我曾祖之兄行三者，营绸缎业于广东，因偷关被捕，将处极刑，家中营救，罄其所有，免于一死。

我祖父营典当业，为当铺经理。遂在笔飞坊自置一房，坐北朝南，有大厅三楹。生我父兄弟七人。先三叔好武艺，外出，不知所往，亦不知所终。留在家同居者只六子耳。六叔、七叔年最幼，长子及二、四、五子均已结婚。先祖又在屋后加盖五楼五底，以备大家庭合住之用。我等为大房，住一楼一底之外，尚多一骑楼，骑楼虽多只一间，亦意存优待于长子也。

我同胞兄弟四人，四弟早殇，实为兄弟三人，即我有一兄一弟。

我有两姊，均未出阁，均在二十左右病故；有一幼妹，亦早殇。

先父为钱庄经理，二叔为绸缎店经理，四叔亦经营钱庄，五叔、七叔为某庄副经理，全家经商，唯六叔读书。

我家至我六叔，始考试入学（秀才），后并补廪（廪生）。在六叔以前，祖传无读书登科之人。

父亲故去

1877 年农历六月廿三日，我的父亲去世。父亲讳宝煜，字曜山。任钱庄经理。去世后，家中并没有积蓄。我的大哥仅十三岁，我十一岁，我的三弟九岁。亲友中有提议集款以充遗孤教养费者，我母亲力辞之。父亲平日待友厚，友之借贷者不必有券，但去世后，诸友皆自动来还，说是良心上不能负好人。母亲凭借这些还款，又把首饰售去了，很节俭地度日，我们弟兄始能生存。我父亲的好友章叔翰先生挽联说："若有几许精神，持己接人，都要到极好处。"

我父亲在世时，四叔父也任钱庄经理，五叔父及七叔父均任钱庄的二伙（即副经理之意），二叔父任绸庄经理，六叔父在田氏塾师，都有职业。我的外祖父家周氏，大姨母家范氏，四叔母的母家王氏，都住在笔飞弄，而且家境都还好，亲戚往来，总是很高兴的，我们小孩儿，从不看到愁苦的样子。我父亲去世以后，我们这一房，固然陷于困苦，而不多几年，二叔父、五叔父、七叔父先后失业，即同住一弄的亲戚家，也渐渐衰败起来。

我那时候年纪虽小，但是听我母亲与诸长辈的谈论，也稍稍明了由盛而衰的缘故，引起感想，所以至今没有忘掉。

我的母亲

我母亲素有胃疾，到这一年（即1885年），痛得很剧，医生总说是肝气，服药亦未见效。我记得少时听长辈说我祖母曾大病一次，七叔父秘密刲臂肉一片，和药以进，祖母服之而愈，相传可延寿十二年云云。我想母亲病得不得了，我要试一试这个法子，于是把左臂上的肉割了一小片，放在药罐里面，母亲的药，本来是我煎的，所以没有别的人知道了。后来左臂的用力与右臂不平均，给我大哥看出，全家的人都知道了。大家都希望我母亲可以延年，但是下一年，我母亲竟去世了。当弥留时，我三弟元坚，又割臂肉一片，和药以进，终于无效。我家还有一种迷信，说到臂事必须给服药人知道，若不知道，灵魂见阎王时，阎王问是否吃过人肉，一定说没有吃过，那就算犯了欺诳的罪。所以我母亲弥留时，我四叔母特地把三弟刲臂告知，不管我母亲是否尚能听懂。

1886年正月廿二日，我母亲病故，年五十岁。我母亲是精明而又慈爱的，我所受的母教比父教为多，因父亲去世时，我年纪还小。我本有姊妹三人，兄弟三人，大姊、大哥、三弟、三妹面椭圆，肤白，类母亲。二姊、四弟与我，面方，肤黄，类父亲。就是七人中第一、第三、第五、第七（奇数）类母，第二、第四、第六（偶数）类父。但大姊十九岁去世，二姊十八岁去世，四弟六岁殇，七妹二岁殇。所以受母教的时期，大哥、三弟与我三个人最长久。我母亲最慎于言语，将见一亲友，必先揣度彼将怎样说，我将怎样对。别后，又追想他是这样说，我是这样对，我错了没有。且时时择我们所能了解的，讲给我们听，为我们养成慎言的习惯。我母亲为我们理发时，与我们共饭时，常指出我们的缺点，督促我们用功。我们如有错误，我母亲从不怒骂，但说明理由，令我们改过。若屡诫不改，我母亲就于清晨我们未起时，掀开被头，用一束竹筱打股臀等处，历数各种过失，待我们服罪认改而后已。选用竹筱，因为着肤虽痛，而不至伤骨。又不打头面上，恐有痕迹，为见者所笑。我母亲的仁慈而恳切，影响于我们的品性甚大。

（选自《自写年谱》）

十年私塾寒窗

蔡元培

始进家塾

1872年，我始进家塾，塾师是一位周先生。那时候初入塾的幼童，本有两种读书法：其一是先读《诗经》，取其句短而有韵，易于上口。《诗经》读毕，即接读四书（即《大学》《中庸》《论语》《孟子》）。其一是先读《三字经》《百家姓》《千字文》《神童诗》《千家诗》等书，然后接读四书。我们的周先生是用第二法的。但我记得只读过《百家姓》《千字文》《神童诗》三种。那时候塾中以读书为主要功课，先生坐着，学生立在先生之旁，先生先读，学生循声仿读，然后学生回自己座位，高声读起来。读书以外，只有两种功课，一是习字，一是对课。

习字，先用描红法，即购得红印范本，用墨笔描写。先由先生把住学生的手，依样描写，连笔画的先后也指示了。进一步摹写，是墨印的或先生写的范本，叫作影格，用纸蒙着上面，照样摹写，与现在用拷贝纸的样子，再进一步临写，是选取名人帖子，看熟了，在别纸仿写出来。

对课，是与现在的造句相近，大约由一字到四字。先生出上联，学生想出下联来。不但名词要对名词，静词要对静词，动词要对动词，而且每一种词里面，又要取其品性相近的。例如先生出一山字是名词，就要用水字、海字来对他，因为都是地理的名词（即都是品性相近的词）。又如出桃红二字，就要用柳绿、薇紫等词来对它。第一字都用植物的名词，第二字都用颜色的静词。别的可以类推。这一种功课，不但是作文的开始，并且也是作诗的基础。所以对到四字课的时候，先生还用圈字的法子，指示平仄的相对。平声字圈在左下方，上声左上方，去声右上方，入声右下方。学生作对子时，必要用平声对仄声（仄声包上、去、入三声），仄声对平声。等到四字对作得合格了，就可以学五言诗，不要再作对子了。

严厉的李塾师

因父亲见背，无力再聘塾师，我就在我家对门李申甫先生所设的私塾读书了。李先生的教授法，每日上新书一课，先朗读一遍，令学生循声照读，然后让学生回自己位置上复读，到能背诵止，余时温习已读各书。在上课以前，把读过的书统统送到先生的桌上，背先生而立，先生在每一本上撮一句，令学生背诵下去，如不能诵或有错误，就责手心十下退去，俟别的学生上课后再轮到，再背诵，如又有不能诵或错误，就责手心二十下。每次倍加。我记得有一次背诵《易经》，屡次错误，被责手心几百下。其他同学当然也有这种状况。

学作八股文

我 1879 年始试作制艺，就是俗称八股文的。那时候试作制艺的方法，先作破题，止两句，是把题目的大意说一说。破题作得合格了，乃试作承题，约四五句。承题作得合格了，乃试作起讲，大约十余句。起讲作得合格了，乃作全篇。全篇的作法，是起讲后，先作领题，其后分作六比或八比，每两比都是相对的。最后作一结论。由简而繁，确是一种学文的方法。但起讲、承题、破题，都是全篇的雏形。那时候作承题时仍有破题，作起讲时仍有破题、承题，作全篇时仍有破题、承题、起讲，实在是重床叠架了。

就学王子庄老师

1880 年始就学于王子庄先生，先生讳懋修，设馆于探花桥，离我家不过半里。我与三弟朝就塾，晚归家，在塾午餐，每月送米若干，每日自携下饭之菜。其他同学有回家午餐的，有宿于先生所备之宿舍的。是时我已读过四书及诗、书、易三经，又已读删去丧礼之小戴记（那时候读经，专为应试起见，考试例不出丧礼题，所以不读丧礼），正读《春秋左氏传》。先生为我等习小题文（未入学的，考试时文题多简短，叫作小题；乡、会试的题较长，叫作大题），不可用四书五经以外的典故与辞藻，所以禁看杂书。有一日，我从一位同学借一部《三国演义》看，先生说看不得，将来进学后，可看陈寿的《三国志》。有一日，我借得一部《战国策》，先生也说看不得。但王先生自己却不是束书不观的。他因为详研制艺源流，对于制艺名家的轶事，时喜称道，如金正希（声）、黄陶庵（淳耀）的忠义，项水心（煜）的失节等等。又喜说吕晚村，深不平于曾靖一案。又常看宋明理学家的著作，对于朱陆异同，有折中的批判。对于乡先生王阳明固所佩服，而尤崇拜刘蕺山，自号其居曰仰蕺山房。所以我自十四年至十七年，受教四年，虽注重练习制艺，而所得常识亦复不少。

那时候，在王先生塾中的同学，不下三十人，与我最要好的是薛君朗轩。薛君长于我两岁，住大路，他每晚回家，必经过笔飞弄口，所以我们每日回家时必同行，路上无所不谈，到笔飞弄口始告别。

那时候，我所做的八股文，有不对的地方，王先生并不就改，往往指出错误，叫我自改。昼间不能完卷，晚间回家后，于灯下构思，倦了就不免睡着，我母亲常常陪我，也不去睡。有一次，母亲觉得夜太深了，人太倦了，思路不能开展了，叫我索性睡了，黎明即促我起，我尔时竟一挥而就。我终身觉得熬夜不如起早，是被母亲养成的。

十七岁中秀才

这三年里边，我记得考过小考两次。那时候小考分作县考、府考、道考三级。县考正试一场，复试五场。府考正试一场，复试三场。道考由提学使主持，旧称提学道，所以叫作道考，正试一场，复试一场。每次考试的点名，总在黎明以前。我母亲于夜半即起煮饭，饭熟乃促我起，六叔父亦来共饭，并送我进考场。所以为我的考试，我母亲也辛苦了多少次。直到我十七岁，才进了学（根据当时清朝的制度，考中秀才，也就获得了进入官立学校深造的资格）。那一期的提学使是广东潘峄琴先生，讳衍桐，广东番禺人。

（选自《自写年谱》）

科举之路漫漫

蔡元培

到省城乡试

1885年八月初旬，我第一次随六叔父往杭州，应乡试。启行这一日，照六叔父成例，祭祖告别。晚餐后上乌篷船，船行一夜，到西兴，渡钱塘江，到杭州。初八日黎明进考场，作四书文三篇，五言八韵诗一首，初九日出场。十一日第二次进场，作五经文五篇，十二日出场。十四日第二次进场，对策问五道，十五日出场。杭州与萧山只隔一江，故萧山人应试者常回家赏中秋。凡第一场、第二场试卷上有犯规的，如烧毁或不合格式等，辄于蓝纸上写号数，揭之考场照壁，俗称上蓝榜。我虽初次观场，幸而未上蓝榜，乡试卷不但编号糊名，并须由官派誊录用朱笔誊写一份，使考官不能认识考生的笔迹。但誊录往往潦草塞责，使考官不能卒读，因此有一部分誊录，先期与考生接洽，于首行若干字内，插用某某等三字，以便检出，特别慎写，借以取得特别酬资。

每次留场二日，饮食须自备，考生自携白米及冷肴、汤料等。每号有一勤务兵，时称号军，所携之米，本可付号军代煮，但号军多不良，所以我等都自携紫铜炊具，叫作五更饥的，用火酒炊饭。

每号之末间即厕所，坐近末间，每闻恶臭。又登厕时亦常苦呼吸为难，则携艾绳进场以避秽。

集万余人于考场，偶有神经错乱，于试卷上乱写情诗或漫画杂事，甚而至于自杀的。闻者每附会事因，认为报应，并且说点名将毕时，有官役举一黑旗，大呼“有恩报恩，有冤报冤”云云，皆无稽之谈，但那时候常常听人道及的。

乡试后举人例游西湖，那时候游湖的都出涌金门，门外有茶馆数处，忆其一名三雅园。由此地呼舟可游彭公祠（即三潭印月）、左公祠（左宗棠公祠）、蒋公祠（蒋益澧公祠）、刘公祠（刘典公祠）等处，都是清朝功臣，所以辛亥后都废，只有三潭印月，至今尚存，但也没有人再提彭公祠的名了。别墅忆只有高庄与俞楼。

杭州人喜用主试的姓作俏皮的对子，是年主考为白、潘二君，杭人就用《白蛇传》同《金瓶梅》作对，是“精灵犹恋金山寺，魂魄长依紫石街”。

伴读徐君

1886 年我以田春农先生的介绍，往徐氏为徐君以愻（名维则）伴读，并为校勘所刻《绍兴先正遗书》《铸史斋丛书》等。

我自十七岁以后因不再受王子庄先生之拘束，放胆阅书。六叔父茗珊先生所有之书，许我随意翻阅，如《说文通训定声》《章氏遗书》《日知录》《困学纪闻》《湖海诗传》《国朝骈体正宗》《绝妙好词笺》等，都是那时候最喜读的书。于是就学作散文与骈文，每有所作，春农先生必大加奖励，认为可以造就，所以介绍我到徐氏，一方面固为徐君择友，一方面为给我以读书的机会，真是我生平第一个知己。

田氏、徐氏，藏书都很多。我到徐氏后，不但有读书之乐，亦且有求友的方便。王君寄庼（名佐）为以愻弟硕君之师，熟于清代先正事略等书，持论严正。以愻之师朱君苇卿，人甚豪爽，善为八股文与桐城派古文。魏君铁珊（名彧）有拳勇，能为诗古文辞，书法秀劲，皆尔时所识。以愻之伯父仲凡先生（名树兰）搜罗碑版甚富。那时候，年辈相同的朋友，如薛君朗轩、马君湄莼、何君阆仙等，都时来徐氏，看书谈天。曾相约分编大部的书，如《廿四史索引》《经籍纂诂补正》等，但往往过几个月就改变工作。这种计划，都是由我提出，但改变的缘故，也总是由我提出，所以同人每以我的多计划而无恒心为苦。徐君以尝评我为“无物不贪，无事不偏”。

受益最大的三本书

我十七岁，考取了秀才，我从此不再到王先生处受（授）业，而自由读书了。那时我还没有购书的财力，幸而我第六个叔父茗珊先生有点藏书，我可以随时借读，于是我除补读《仪礼》《周礼》《春秋公羊传》《穀梁传》《大戴礼记》等经外，凡关于考据或辞章的书，随意检读，其中最得益的，为下列各书：

一、朱骏声氏《说文通训定声》。清儒治《说文》最勤，如桂馥氏《说文义证》、王筠氏《说文句读及释例》，均为《说文》本书而作。段玉裁氏《说文解字注》，已兼顾本书与解经两方面，只有朱氏，是专从解经方面尽力。朱氏以引申为转注，当然不合，但每一个字，都从本义、引申、假借三方面举出例证，又设为托名标帜，与各类语等同类，不但可以纠正唐李阳冰、宋王安石等只知会意不知谐声的错误，而且于许慎氏所采的阴阳家言如对于天干、地支与数目的解说，悉加以合理的更正。而字的排列，以所从的声相联，字的分部以古韵为准，检阅最为方便。我所不很满意的，是他的某假为某，大半以臆见定之。我尝欲搜集经传中声近相通的例证，替他补充，未能成书，但我所得于此书的益处，已不少了。

二、章学诚氏《文史通义》。章先生这部书里面，对于搭空架子、抄旧话头的不清真的文弊，指摘很详。对于史法，主张先有极繁博的长编，而后可以有圆神的正史。又主张史籍中人、地名等均应有详细的检目，以备参考。我在二十余岁时，曾约朋友数人，试编二十四史检目（未成书）；后来兼长国史馆时，亦曾指定编辑员数人试编此种检目（亦未成书），都是受章先生影响的。

三、俞正燮氏《癸巳类稿》及《癸巳存稿》。俞先生此书，对于训诂、掌故、地理、天文、医学、术数、释典、方言，都有详博的考证。对于不近人情的记述，常用幽默的语调反对他们，读了觉得有趣得很。俞先生认一时代有一时代的见解与推想，不可以后人的见解与推想去追改他们，天算与声韵，此例最显，这就是现在胡适之、顾颉刚诸先生的读史法。自《易经》时代以至于清儒朴学时代，都守着男尊女卑的成见，即偶有一二文人，稍稍为女子鸣不平，总也含有玩弄等的意味。俞先生作《女子称谓贵重》《姬姨》《娣姒义》《妒非女人恶德论》《女》《释小补楚语笄内则总角义》《女吊婿驳义》《贞女说》《亳州志木兰事书后》《尼庵议》《鲁二女》《息夫人未言义》《书旧五代史僭伪列传后》《易安居士事辑》《书旧唐书舆服志后》《除乐户丐户籍及女乐考附古事》《家妓官妓旧事》等篇，从各方面证明男女平等的理想。《贞女说》篇谓："男儿以忠义自责则可耳，妇女贞烈，岂是男子荣耀也？"《家妓官妓旧事》篇，斥杨诚斋黥妓面，孟之经文妓鬓为"虐无告"，诚是"仁人之言"。我至今还觉得有表彰的必要。我青年时代所喜读的书，虽不止这三部，但是这三部是我深受影响的，所以提出来说一说。

金榜题名

1890年春，往北京应会试，偕徐君以愻行。先至杭州，因雨滞留数日，向某公司借小汽船拖无锡快至上海，因那时候还没有小轮船公司的缘故。到上海后，寓北京路某茶栈，徐氏有股份的。有人请吃番菜，看戏，听唱书，游徐园、张园，那时候张园称作味莼园，左近房屋不多。愚园正在布置。由上海乘招商局轮船到天津，换乘内河船到通州，换乘骡车到北京。

那时候，我们同乡京官有鲍敦甫、吴解唐、王止轩诸翰林，李莼客、娄炳衡诸部曹。莼客先生是我在徐氏的时候常常读他的诗文与尺牍的，又常听杨宁斋先生讲他的轶事，所以到京后，最崇拜的自然是他了。

会试后，我中试，房师为王瀣卿先生（讳颂蔚），是很有学问而且怜才的。座师虽有四位，而我的卷子却在孙峡山先生（讳毓筠）手中。是年会试题为"子贡曰夫子之文章至惟恐有闻"。我的文中有"耳也者心之译，躬之督也及顺译道张督权而已矣"等语，有人问孙先生："督躬有来头吗？"孙先生说："这何必有来头。"这一年的殿试，文韵阁写□闾阎而□□一句，误落阎字，乃改而为面，又写一而字，预备倩友人代为挖补，仓促间不及改，即缴卷。阅卷时，有人疑闾面误写，翁叔平知是文君，特为解释说："此有所本，我们年轻时，尝用闾面对檐牙。"遂以第二名及第。当时北京流传一对子："闾面居然登榜眼，督躬何必有来头。"

因殿试朝考的名次均以字为标准，我自量写得不好，留俟下科殿试，仍偕徐君出京。此行往返，均由徐氏请一酒商张湘文氏做伴照料，张君对我很关切，甚可感。

做上虞县志局总纂

1890 年，上虞县设修志馆，朱黻卿氏为馆长，王寄庼氏为编纂，聘我为总纂。我为拟访事例：以山水、都里、土产为各乡取录之例，以道里、山、水、祠庙、院塾、先正遗事、忠义、烈女遗事、节烈、书籍、家谱、碑碣等为各里分录之例。又为拟志目，分地篇、吏篇、户篇、礼篇、刑篇、工篇、学篇、书篇、碑篇、列传、士女篇、杂篇、文征等篇，大抵本章实斋氏之说而酌为变通，名目既不同旧志，而说明又多用古字、古句法。同事多骇异之，喧传于馆外，引为笑谈。我作《罪言》一篇，取万历本及嘉庆本上虞旧志之目与我所拟者作一表，并说明或因或革之故，然彼等攻击如故，我遂辞职回家。

补应殿试朝考

1892 年我又往北京，补应殿试朝考。向来殿试卷是专讲格式，不重内容的，只听说张香涛氏应殿试时不拘格式，被取一甲第三名。我那时候也没有拘格式，而且这两年中也并没有习字，仍是随便一写，但结果被取为二甲进士。闻为汪柳门先生（讳鸣銮）所赏识。有一位阅卷大臣，说此卷字不是馆阁体。汪说：他是学黄山谷的。于是大家都在卷子后面圈了一个圈，就放在二甲了（根据清制，补行殿试者，例不得入一甲）。朝考后充庶吉士。是年回绍兴。

南下游历

1893 年 4 月 18 日出游，由宁波至上海，又乘长江船往南京、镇江、扬州及靖江县，7 月到广州，寓清鹾总局，陈孝兰先生陔所招待也。陶心云先生濬宣适在广雅书局，常取廖季平氏之新说，作子所雅言至好古敏以求之者也等制艺数篇，我亦戏取是年广东乡试题《如有王者必世而后仁》，作一篇，陶先生自作一评，并为征求朱蓉生山长、徐花农学使、吴梦蜚孝廉等各缀一评而印行之，题为《蔡太史拟墨》，其意至可感也。陶先生为言，廖季平氏在广雅时，常言诸经古文本出周公，今文本出孔子，孔子所记古制，皆托词，非实录，例如禹时代，洪水初平，扬州定是荒地，禹贡乃言贡丝，自是孔子照自身所处时代写之耳。其他新说，类此甚多。然廖氏除印行关于今古文之证明外，最新之说并不著之书。南海康长素氏（祖贻）闻其说而好之，作《新学伪经考》，时人多非笑之，唯石茂才称许康氏，说此人不凡云云。我于是得廖、康二氏已印行的著作，置行箧中。

冬，由广州至潮州，以同年李雪岩君之介绍，寓澄海林君冠生处。李君以说北京话及苏州话，林君甚诚笃，又有陈君爱南时偕谈燕，喜说梁节庵、康长素诸人琐事。汕头海关绍兴沈雪帆君与其子步洲，招待甚周。

（选自《自写年谱》）

甲午听惊雷，心系教育

蔡朝辉

直接促使祖父摆脱传统旧观念，吸收西方新学说的是1894年的中日甲午战争。中国惨败的消息传来，朝野震惊，割地赔款、丧权辱国的和议激起祖父无比的愤怒。他觉得历史上韩魏对秦、宋朝对金，都还没有这么屈辱。而“疆臣跋扈，政府昏茸，外内狼狈，虚疑恫滇”，根子全在清政府的昏庸腐败，“以成炀灶之计，聚铁铸错，一至于此，可为痛哭长太息者七”。战败之后，救国图强的呼声高涨，却想以仿效西方，变法维新的日本为模板，于是“朝士竞言西学”。祖父也在这时接触到翻译过来的西书。不久，就以最大的热情阅读了大量关于西方国家和“西学”的书籍。其中主要是以下几类：

（一）介绍西方和日本的现状及历史的书籍。如《海国图志》（魏源）、《环游地球新录》（李圭）、《俄游汇编》（缪佑孙）、《日本新政考》（顾厚焜）、《东瀛闻见录》以及《日本史略》（阿波冈本监甫）、《外国史略》《列国海战记》等。

（二）自然科学基础教程，包括数、理、化、天文各方面。如《几何原本》《华若汀算学丛存》《电学源流》《电学纲目》《光学量克力器图说》《声学》《化学启蒙初阶》《星学辩证》以及《农家新书》等农业技术方面的书。

（三）国内关于学习西方的言论。如郑观应的《醒世危言》、宋育仁的《采风记》、马建忠的《适可斋记言》、陈炽的《庸书》、汤寿潜的《蛰仙危言》等以及梁启超的《西学书目表》和《读西学书法》。

（四）关于当时中外关系的书。如严复所译，传教士宓克所著的《教案论》。

（五）严复所译的《天演论》等西方哲学思想代表作以及严复、谭嗣同的有关论著。

此外，他还订阅梁启超的《时务报》以及他的友人主办的《农学报》。和《经世报》、借阅澳门的《知新报》。对这些主张维新的报刊的论说都为注意。

不久，通过中文翻译本书来了解西方，已不能满足他求知的欲望。他决心学习外国文。当时他认为西方文字比较难学，非三五年不能通，而书价很贵。日文则半年就可以有效果，而日本人翻译西书很多，学通日文就可以博览西书。1898 年（戊戌）年夏，他就同几位友人一起学习日文，先后延请中、日籍教师教授。因为学习的目的是阅读，所以学会假名读音后就不学日语而开始“硬读”日文书，练习翻译了多篇日文文章，不到一个月，在译《俄土战史》时已觉得有“文从字顺”的乐趣了。

正当他在研习西学、日文，日进一日的时候，戊戌百日维新发生。对于这场革新运动，祖父虽然很同情，但在维新派权势炙手可热时，他又“耻相依附”而不愿去赶热闹。到八月间变法失败，谭嗣同等六君子被杀，他却极为激愤。在九月就全家离京回绍兴去办学。别人说他是康党，他也不与分辩。从变法的失败，他看到清政府已无所希望。认为像康、梁那样靠少数人从上层弋取政权来搞改革是行不通的。只有走发展教育，培养革新人才的道路，所以把翰林院的位置弃若敝屣而决心把一生奉献给改革教育的事业。

（选自《蔡元培青少年时代的读书生活》）

执教南洋公学

史瑞琼

南洋公学初创之时，试行由小学、中学到大学的正规教育体系，将培养人才的计划定为“收效皆在十年之后”。然时局之需，加速人才培养成为当务之急。于是，在南洋公学代总理张元济提议，盛宣怀亲自督办之下，公学设立特班，以培养国之经济特科之才，实现从速培养新政人才的目的。

1901 年 4 月始，公学着手拟定特班师资并举行招录考试。其间，盛宣怀曾数次约见蔡元培，并亲自前往他的住处晤谈，邀请其出任特班总教习一职。特班开学伊始，蔡元培正式上任，开启了他与公学虽短暂却不失精彩的一段因缘际会，在校史上留下了浓墨重彩的一笔。

蔡元培在校期间倡导民权、女权等自由思想，其独特的授课方法更是给特班学生受益匪浅的启迪。据曾就读于特班的学生们回忆，蔡元培的教学方法新颖，常开列出诸如哲学、政治、文学、外交、经济、教育等二三十门科目的书目清单，让学生各选一二科仔细研读，并要求每日撰写读书札记。学生所呈札记，他不但亲手批阅，还每夜例请两三名学生就所呈札记讨论交流。

蔡元培在特班时的教授方法堪称因材施教的典范，其渊博的学识和谦和的品行，亦使每位学生心悦诚服。他以自己“不习日语而强读日本书”之方法教授学生。在他的指导下，“不数日，人人能读日文，且有译书者”。他倡导特班成立演说会，自拟题目分组定期进行演讲、辩论，以应必要时以语言唤醒民众之需。

1902 年末，学校内爆发了一场由一只墨水瓶引发的进步学生与顽固守旧派势力之间的斗争运动（史称“墨水瓶事件”），导致一百多名学生退学，支持学生运动的蔡元培也因此事愤然离职。此后，他曾于 1928 年春夏间担任交通大学校长。

蔡元培给予学生们的教诲是受益终身的。他自由民主的进步思想也早已在南洋公学播下火种。从特班走出的李叔同、黄炎培、邵力子、谢无量、胡仁源、黄大钧等人，都在追求民主的时代浪潮中，成为“桢干大才”，为民族进步、文化发展贡献出各自的力量。

（选自《蔡元培与南洋公学特班》）

发起成立中国教育会

蒋维乔

当民元前十年壬寅，正值义和团乱后，清廷亦知兴学之不容缓，明令各省开办学堂。而国中志士，鉴于清廷之辱国丧师，非先从事革命不可。但清廷禁网严密，革命二字，士人不敢出诸口，从事进行，更难着手。是年三月，上海新党蔡孑民（元培）、蒋观云（智由）、林少泉（獬）、叶浩吾（瀚）、王小徐（季同）、汪允宗（德渊）、乌目山僧（宗仰）等集议发起中国教育会，表面办理教育，暗中鼓吹革命。议既定，即驰函各地同志赴沪，开成立大会。时钟宪鬯先生，在江阴南菁高等学堂为理化教员，于课外密谈革命意义。某日，钟师接蔡、蒋诸君公电，嘱其赴会，并介绍会员。钟师接信后，赴会与否，意尚未决。而余与常熟丁芝孙、无锡黄子年，皆意气甚盛，怂恿钟师，愿随之赴会。即日渡江趁轮船，值江中大风，浪高丈余，舟小几覆。然诸人皆整襟剧谈，殊不为意。及抵江北，适是夕无轮船。屈计赴会之期，已赶不及，乃发电复蔡、蒋诸君，同时入会。

教育会成立之日，蔡孑民被举为会长。时会员人数稀少，经济尤为竭蹶，发展殊难。暂从文字方面鼓吹，实行办学，尚未有具体计划。

适是年之夏，徐家汇南洋公学五班生沈步洲（联）、胡敦复（炳生）

有闹学风潮，堂中处置失当，致全体学生，皆表同情五班生。蔡孑民为特班教员，从中调停，不得要领，毅然与学生俱退。遂成自来未有之退学大风潮。

斯时内外多故，吴稚晖（朓，后改敬恒）率领男女学生数十人，赴日本留学，中有九人，志在陆军，拟进成城学校。向例，自费生学陆军者，须驻日公使保送，以示限制。时公使为蔡和甫（钧），秉清廷意，不肯出保证书。稚晖与之力争。公使给之，令学生五人合保一人，即以原保给径送日本参谋部，公使绝不负责。参谋部以与例不符，不许。蔡公使左右推诿，百般卖弄。稚晖不得要领，乃直入使署诘问，不期而集者二十六人。跪求终日，誓不得请不出署。公使乃召日警至，逼令解散。稚晖愤然云："出使署不能，入警署则可。"遂与孙叔方（揆钧）二人，同时被拘。越数日，日本内务部下令，解吴、孙二人回国。吴在中途，自投于河，为日警救起。全国志士，东望扶桑，目眦皆裂。七月初十日，吴、孙二人到沪，教育会同人，在张家花园海天深处，发起欢迎大会。到会者百余人。稚晖登坛，备述颠末，慷慨激烈，淋漓尽致，述及政府腐败，丧失国权，听者皆为之愤怒。述及蔡和甫举动乖谬，出语荒唐，又令人失笑，鼓掌之声，震动屋宇。

十九日，张园安垲第开协助亚东游学会。是会乃由安徽姚石泉召集。姚系我国第一次送学生至日本留学者，时适道过沪上，闻学生不得进成城学校事，颇热心赞助，故召集是会，商议向日本交涉之法。首由姚氏演说，如有妥善之方策，渠愿极力赞助之意。有戢元丞主张，拟请中国有名誉之人，赴日本与参谋部商议，此后游学生归中国教育会保送，不归公使。而叶浩吾则言中国无地方自治之制，海上社会，未必为日本政府所承认，不如中国教育会自设学堂，自教子弟，不必赴日本留学。讨论结果，即公举姚君根据戢君之议，赴日本办理此事，不论成否，俾知中国未尝无人。一面仍本叶君主张，积极自办学校。

中国教育会，本拟自办学校；而南洋公学退学生百余人，无力自组学社，遂推代表请求于中国教育会。会中特开会议，决定接受退学生之请求，予以经济及教员之赞助。推蔡孑民为总理，吴稚晖为学监，于是年10月17日，在南京路泥城桥福源里，租屋开办，定名爱国学社。

至于爱国女学校，虽亦为中国教育会所办，其性质与爱国学社完全不同。最初拟办女学者，为上虞经莲三。适林少泉偕其妻及妹林宗素，自福州来沪，亦提倡女学。蔡孑民亦赞成之，因此偕其夫人黄仲玉，在白克路登贤里寓所，邀集诸人，开会讨论。到会者经、林二氏外，尚有吴彦复偕其女亚男、弱男及其妾夏小正，陈梦坡（范）偕其女撷芬及二妾，复有韦增佩、增英两姐妹。开会时蔡、林、陈三氏，均有演说。会毕，在里外空地摄影。而吴彦复夫人，凭窗望见之，肆口大骂，深不以其女参与此会为然。未几，薛锦琴女士到沪，蒋观云设席欢迎，乃请蔡夫人与林氏姑嫂作陪，而自身不敢入席作主人，盖其时男女界限尚严，避嫌如此。壬寅之冬，即由蒋观云、宗仰提议，设立女校，蔡、林、陈、吴均列名发起。租校舍于登贤里，名曰爱国女学校，推蒋观云为经理（当时尚无校长名称）；经常费由宗仰介绍罗迦陵女士独任之。未几，蒋观云赴日本，蔡孑民继任为经理。所有学生，即发起人家中之妻女，有因年龄长大，家务分心，不久退学者，故学生只十人左右。

民元前九年癸卯，为中国教育会之全盛时期。时爱国学社学生，皆入会为会员。社中春季开学，各地闻风来学者甚多，校舍不能容，即添租左邻房屋，又添租右面空地为操场。爱国学社社员，原以南洋公学之五班生沈联、胡炳生、俞子夷等为中坚人物，而推戴特班生贝季眉（寿同）、穆恕斋（湘瑶）为领袖。学社组织，分学生为四班级，与今之中等学校相当。社中自总理学监以下教职员，均自行另谋生计，对于学社，纯尽义务。如蔡孑民则任商务印书馆编译所长，吴稚晖则任文明书局之事；三、四年级之国文教员为章太炎（炳麟），一、二年级国文教员，则由余任之。

章则为人译《妖怪学讲义》，余则为苏报馆译东报，均借译费自给。历史、地理教员吴丹初亦然，理科教员则由科学仪器馆中人分任之；英文教员，除高级请一西洋女教员为有给职外，至普通英文，均由社员分任义务；体育方面，则为何海樵、山渔兄弟二人任义务教员。海樵系海军学生，山渔系浙江陆师学堂学生。学社既由退学风潮而产生，故学生极端自由，内部组织，分全部学生为若干联，每联约二三十人，听学生自行加入某联，公举一联长，凡有兴革，多由学联开会议决，交主持者执行。故自总理、学监以下，社内外人对之，均有媚学生之批评。盖官立学堂，极端压制学生，此则反其所为，不啻听命于学生也。迩时既以退学为美举，各省官立学堂学生之反抗退学风潮，乃相继以起，学社中遇此事，必发电以贺之。

爱国女学校，于是年开始招收外来学生，由吴稚晖提议，亦迁校舍于福源里，并运动学社社员，各劝其姐妹就学；学社之教员，亦多兼女校功课，余之为爱国女校义务教员，亦于是时为始。由是女学校学生，亦渐增多。

春季，中国教育会开会，重行选举。稚晖暗示各社员，举宗仰为会长，其意以会中缺乏经费，若选宗仰，则可借其力，向哈同罗迦陵方面，捐助巨款。会员多不以为然，以为宗仰是方外人，以长教育会，不甚适宜。稚晖持之甚坚，且会中社员，占绝对多数，皆依稚晖意，宗仰卒当选为会长。然宗仰亦甚乖觉，于经济方面，并未有甚大助力。

中国教育会每周率领学社社员，在张园安恺第，开会演说，倡言革命，震动全国。而顽旧之辈，皆极端反对。上海各大报如《申报》《新闻报》等亦持反对论调。吴稚晖提议，必须有机关报，以为对抗，后乃利用《苏报》为机关。

（选自《中国教育会之回忆》）

中华民国首任教育总长

金林祥

1912 年 1 月 5 日，蔡元培被任命为南京临时政府教育总长。南北议和后，他又出任北京政府教育总长，成为中华民国历史上首任教育总长。

蔡元培担任南京临时政府教育总长时，教育部没有办公场所，他询问大总统孙中山，得到的回答是："此须汝自行寻觅，我不能管也。"后来，在时任江苏都督府内务司长马相伯的帮助下，借南京碑亭巷内务司楼上三间房间作为教育部的办公室。蔡元培"亲诣大总统领印，白巾咫尺，裹一方寸物，乘人力车往返"，成为民国开国史之趣谈。

在创建教育部的过程中，蔡元培坚持两条用人原则：一是"为事择人，不设冗员"。当时南京临时政府其他各部人员，多或至百余人，唯教育部连缮写者在内仅 30 余人。部员津贴上自总长下至录事，不分等级，每月一律 30 元。整个教育部开支，每月仅及千元。而工作效率却很高，部员各负其责，各司其事，"绝无官署意味"。教育部成立了学制起草委员会，邀集教育界著名人士以及从英、美、德、法、俄、日等国回来的留学生，各就所长，分别起草有关小学、中学、专门学校以及大学各项制度。南京临时政府教育部存在才 2 个多月，"而中华民国全部学制草案，实于此时大略完成"。后来北京政府教育部成立后，在此基础上制订了中华民国第一部学制“壬子癸丑学制”，又称1912—1913年学制。可以说，南京临时政府教育部是一个平民化的，精兵简政的、高效率的教育部。

蔡元培用人的另一条重要原则是唯才是用。它包括两层含义：其一，不管资历、学历。王云五当时年仅23岁，没有受过高等教育，在上海从事教育工作，与蔡元培素不相识。在蔡元培出任民国教育总长后，他将自己对于民国高等教育改革的想法写成书面意见寄给蔡元培。蔡认为他所提建议极为中肯，即复函坚邀他到教育部“相助为理”。后来北京政府教育部成立，蔡元培仍请他北上，任职专门教育司第一科科长，掌管“大学及游学生”事宜。两人从此结下了近三十年的友谊，1940年蔡元培在香港逝世，王云五是朋友中唯一随侍病榻的送终者。

唯才是用的第二层含义是不分党派。范源濂早年留学日本，原系学部参事，籍隶共和党。蔡元培深知自己对于教育偏于理想，而范源濂注重实践，两人合作，可以取长补短，于民国教育有益。所以他不顾国民党内的反对，二次亲自访问范源濂，对他说：“我请出一位异党的次长，在国民党里边并不是没有反对的意见；但是我为了公忠体国，使教育部有全国代表性，是不管这种反对意见的。”范源濂为蔡元培的真诚和以民国教育为重的精神所感动，不顾共和党内的反对意见，接受了蔡元培的要求。事实证明，他们的合作是成功的。

1912年1月19日，蔡元培以教育部的名义，颁布了两个重要法令：《普通教育暂行办法》和《普通教育暂行课程标准》。前者共14条，主要内容有：各级各类学堂均改称为学校，监督、堂长一律改称校长；初等小学可以男女同校；小学读经科一律废止；小学应注重手工科；中学为普通教育，文、实不必分科；废止旧时奖励出身，各级学校毕业者，称某级学校毕业生。这个教育法令，在新旧社会交替之际，对于安定人心，稳定局势，建立新的教育秩序，起了非同一般的作用。

2月8、9、10日，《民立报》连续发表蔡元培的重要教育论文《对于新教育之意见》(后改名为《对于教育方针之意见》)。该文围绕“养成共和国民健全之人格”的思想，全面阐述了军国民教育、实利主义教育、公民道德教育、世界观教育、美感教育五育并举的民国教育方针，以取代清末“忠君”“尊孔”的教育宗旨。五育的核心是公民道德教育。蔡元培说：“五者以公民道德为中坚，盖世界观及美育皆所以完成道德，而军国民教育及实利主义，则必以道德为根本。”公民道德教育的要旨即是自由、平等、博爱。蔡元培以公民道德教育为核心的五育并举思想，实质上是德智体美诸育和谐发展的思想，这在中国近代教育史上是首创。它适应了辛亥革命后教育发展的客观需要，顺应了当时社会变革的潮流。

1912 年 9 月 2 日，北京政府教育部公布的教育宗旨是：“注重道德教育，以实利教育、军国民教育辅之，更以美感教育完成其道德。”很明显受到了蔡元培思想的影响。蔡元培是这个教育方针的理论奠基者。

（选自《蔡元培：中华民国第一任教育总长》）

出任北大校长

蔡元培

北京大学的名称，是从民国元年起的。民元以前，名为京师大学堂，包有师范馆、仕学馆等，而译学馆亦为其一部。我在民元前六年，曾任译学馆教员，讲授国文及西洋史，是为我在北大服务之第一次。

是年，政府任严幼陵君为北京大学校长。两年后，严君辞职，改任马相伯君。不久，马君又辞，改任何锡侯君，不久又辞，乃以工科学长胡次珊君代理。民国五年冬，我在法国，接教育部电，促回国，任北大校长。我回来，初到上海，友人中劝不必就职的颇多，说北大太腐败，进去了，若不能整顿，反于自己的声名有碍。这当然是出于爱我的意思。但也有少数的说，既然知道它腐败，更应进去整顿，就是失败，也算尽了心。这也是爱人以德的说法。我到底服从后说，进北京。

我到京后，先访医专校长汤尔和君，问北大情形。他说："文科预科的情形，可问沈尹默君；理工科的情形，可问夏浮筠君。"汤君又说："文科学长如未定，可请陈仲甫君。陈君现改名独秀，主编《新青年》杂志，确可为青年的指导者。"因取《新青年》十余本示我。我对于陈君，本来有一种不忘的印象，就是我与刘申叔君同在《警钟日报》服务时，刘君语我："有一种在芜湖发行之白话报，发起的若干人，都因困苦及危险而散去了，陈仲甫一个人又支持了好几个月。”现在听汤君的话，又翻阅了《新青年》，决意聘他。从汤君处探知陈君寓在前门外一旅馆，我即往访，与之订定。于是陈君来北大任文科学长，而夏君原任理科学长，沈君亦原任教授，一仍旧贯；乃相与商定整顿北大的办法，次第执行。

（选自《自写年谱》）

主持大学院与中央研究院

蔡元培

我六十一岁至六十二岁（十六年至十七年）任大学院院长。大学院的组织，与教育部大概相同，因李君石曾提议试行大学区制，选取此名。大学区的组织，是模仿法国的。法国分全国为十六大学区，每区设一大学，区内各种教育事业，都由大学校长管理。这种制度优于省教育厅与市教育局的一点，就是大学有多数学者，多数设备，绝非厅局所能及。我们为醉心合议制，还设有大学委员会，聘教育界先进吴稚晖、李石曾诸君为委员。由委员会决议，先在北平（包河北省）、江苏、浙江试办大学区。行了年余，常有反对的人，甚至疑命名“大学”，有蔑视普通教育的趋势，提议于大学院外再设一教育部的。我遂自动地辞职，而政府也就改大学院为教育部；试办的三大学区，从此也取消了。

我在大学院的时候，请杨君杏佛相助。我素来宽容而迂缓，杨君精悍而机警，正可以他之长补我之短。正与民国元年我在教育部时，请范君静生相助，我偏于理想，而范君注重实践，以他所长补我之短一样。

大学院时代，院中设国际出版品交换处，后来移交中央研究院，近年又移交中央图书馆。

大学院时代，设国立音乐学校于上海，请音乐专家萧君友梅为校长

（第一年萧君谦让，由我居校长之名）。增设国立艺术学校于杭州，请图画专家林君风眠为校长。又计划第一次全国美术展览会，但此会开办时，我已离大学院了。

大学院时代，设特约著作员，聘国内在学术上有贡献而不兼有他职者充之，听其自由著作，每月酌送补助费。吴稚晖、李石曾、周豫才诸君皆受聘。

我于六十一岁时，参加中央政治会议，曾与吴稚晖、李石曾、张静江诸君提议在首都（当时为南京）、北平、浙江等处，设立研究院，通过。首都一院，由大学院筹办，名曰国立中央研究院。民国十七年开办，我以大学院院长兼任中央研究院院长。我离大学院后，专任研究院院长，与教育界虽非无间接的关系，但对于教育行政，不复参与了。

（选自《自写年谱》）

客居香港的最后日子

王云五

最后的一个阶段，蔡先生与我相处于香港，直至其去世时为止。自二十六年八月上海发动的全面抗战以后，我为着策划商务印书馆的应变工作，经于是年十月间离沪前往香港。因为商务印书馆在香港设有一个相当规模的印刷厂，一面为维持战时生产，一面为规划在后方设厂，以备长期抗战。到了香港不久，蔡先生亦自上海由周子竞、丁西林陪同来港，拟取道前往西南。唯自港前往西南道途跋涉，至为辛苦。蔡先生此时高年多病，恐不能支持。周丁二君因我在香港，照料有人，遂以相托。我遂迎蔡先生到商务的临时宿舍与我和商务自上海来此之二三同人相处。濒行周子竞以周夫人胞弟之资格，转述周夫人之嘱托，恐蔡先生饮酒过多，有碍健康，每日当以一次一大玻璃杯绍酒为限。我当然奉命维谨，仅于晚饭时供应绍酒一大杯，午饭不另供酒。未几内人携幼儿学善自上海续来，也同住于该宿舍。我以午间陪蔡先生用膳有内人及幼儿在，所以我自己便在商务印书馆办公室用膳，以省往返时间。内人知道蔡先生善饮，午间也供酒一大杯，晚膳时我不知此事，也照例供酒；于是每日一次增为二次，发觉后也不便更改。但以蔡先生的豪量，此区区者实不足道。唯自蔡夫人来港另租住宅后，闻每日仅以一次饮半杯，足见对蔡先生之健康更为审慎矣。蔡先生在宿舍内与我等相处约三个月，晨夕有暇，我和他畅谈今古，无所顾忌。蔡先生语多精辟，我皆择要记述于日记中，不幸在太平洋战事发生后，因我适留重庆，家人走避他处，寓中所存八九年日记均被焚毁，此时亦无从追忆。我们的宿舍系临时租赁跑马地崇正会馆的三楼全层。学善时甫入初中读书，假日或放学后余暇，辄由蔡先生携同沿跑马地一带散步。散步时闲话亦时有启发，以十一二岁之幼童，虽无写日记的习惯，然潜移默化已著效不鲜。

次年（民国二十七）二月，蔡夫人携女儿自上海来港，遂觅租房屋于九龙柯士丁道。其地空旷，闻亦时携儿女散步。我因事忙，每星期仅能渡海访问一次，其间并由商务印书馆同人奉访一二次，探询有何事代为办理。时蔡先生目力渐弱，然仍不废读，我乃择由上海携来木字板大本书借供消遣。蔡先生阅毕，辄交商务同人携回，另行易取他书。每书阅毕，有意见辄函告我，现将手边所存有关此事之蔡先生亲笔函二通照录于后：

（一）“昨承枉顾领教为快。顷奉惠函，以弟目疾，选书之大字者备阅，深感关切。《游志汇编》，准于阅毕后缴换他书。又承赐《演繁露》一部，拜领，谢谢。”

（二）“承赐借《游志汇编》二十册，字大，于晚间浏览，不感困难，今已读毕，奉还，谢谢。此书体例甚特别，无卷第，无序目。每篇自计页数。极似现代教科书中之活页文选，未知各种目录书中曾著录否。如尊处尚有其他大字之书，仍请便中检书一二部赐借为荷。”

我素有读书和藏书之癖，私藏多至七八万册皆留在上海，除来港时随带极少数外，商务印书馆陆续有人调香港办事，每次我均托其从沪寓中检带若干来港，因此港寓渐积渐多，且多系佳本，上述《游志汇编》即系明版罕传本。后来某日我迎蔡先生及夫人等渡海来寓小叙，并参观我陆续自沪移来的较佳版本。越数日接蔡先生手函，如次：

“前星期备承招待，得纵览收藏珍品，又扰盛馔，感荷之至。昨承赐学政世兄所摄之相片，甚为精美，永留纪念，谢谢。”

以上所谓珍品，大部分当然是书籍。这些书籍实为蔡先生留港时期赖以消遣之要具。因为蔡先生来港目的，原系取道前往西南，主持中央研究院。无如抵港后初因患病不能远行，嗣则交通日益困难，只能暂留，遥领院务。然因此深居简出，轻易不肯公开露面。甚至对各方通信，亦常化名为“周子余”，盖周为夫人之姓，兼含“周余黎民，靡有孑遗”之义，以暗示“孑民”二字。至对我的通信，因系至好，且由专人转送，无不仍用“元培”或“培”字。

蔡先生留港期间，只有一次例外地公开演说。那就是在民国二十八年五月二十日，出席香港圣约翰大礼堂美术展览会，并发表演说。是日中外名流毕集，主席为香港大学副校长史乐诗，香港总督罗富国爵士等均列席。蔡先生的演说词也临时由我担任英译。

蔡先生留港将及二年，此次独破例公开讲演，表面上似为爱好美术，实际上承他密告我业已决计近期离港前往后方，借此有关学术的集会出现一次，以示对香港公众的话别。又因彼时中英交谊甚笃，香港政府，特别是总督罗富国等，虽尊重蔡先生意见，不便正式应酬，然暗中爱护有加。此一集会为香港大学所发起，依英国通例，大学的副校长为实际的校长，而所谓校长辄由达官贵人挂名，彼时港督罗富国即兼任港大校长。蔡先生利用一半官式的机会，与港督在此晤面，以示临别向地主道谢，实寓有深意，他人多无从悬揣。只看蔡先生经此一度公开出现后，直至二十九年三月逝世时，并未作第二次公开出现，便知其然。但是蔡先生此次虽怀有不避辛劳跋涉，前往后方的决心，卒因身体复感不适，愈后，仍荏弱不堪。蔡夫人爱护备至，坚阻其行，以至郁郁长逝于香港，深知蔡先生内心如我者，不禁为之扼腕也。

蔡先生在积极准备入内地时，忽患感冒，缠绵若干时日，愈后体力更衰弱，以致迟迟不克成行；同时香港对内地之交通除飞行外，艰险益甚。而据医生断定，蔡先生体力实不耐飞行。于是迁延又迁延，直至次年（二十九年）三月三日在寓所失足仆地，病势加剧。次日依主治医师朱君（香港大学医科毕业开业甚久，并充商务印书馆特约医师）之劝告，于四日乘救护车入香港养和医院疗治。盖其时蔡先生已患胃出血，疑系胃溃疡，必须入院留治也。我得讯，急赶至九龙蔡先生寓所，恰好在救护车出发之时，乃随同前往医院，代为办理各种手续，并加请港大医学院胃肠专科教授来诊。据称系胃溃疡，业已大量出血，一面固须设法止血，另一面尤须急为输血。及血型检定，取得供血之人，急行输血，已近午夜。时蔡先生已昏迷不省人事，我与周夫人及其胞侄二人，随侍病榻。至天明，尚无转机，医者言殆已绝望。及五日上午九时顷即告长逝。计享年七十有四。我为处理丧事，暂厝东华义庄，并为营葬于香港仔华人公墓。

（选自《蔡子民先生与我》）

第 二 辑

“五育”并举：追求健全人格的培养

“五育”的提出

蔡元培

今日之临时教育会议，即中华民国成立以后第一次之中央教育会议。此次会议，关系甚为重大，因有此次会议，而将来之正式中央教育会议，即以此次会议为托始。且中国政体既然更新，即社会上一般思想，亦随之改革；此次教育会议，即是全国教育改革的起点。此次议决事件，如果能件件实行，固为重要关系；即使间有不能实行者，然为本会已经议决之案，将来亦必有影响。诸君有远来者，即或在近处者，亦是拨冗而来，均以此次会议关系重大之故。

民国教育与君主时代之教育，其不同之点何在？君主时代之教育方针，不从受教育者本体上着想，用一个人主义或用一部分人主义，利用一种方法，驱使受教育者迁就他之主义。民国教育方针，应从受教育者本体上着想，有如何能力，方能尽如何责任；受如何教育，始能具如何能力。从前瑞士教育家（沛斯泰洛齐）有言：昔之教育，使儿童受教于成人；今之教育，乃使成人受教于儿童。何谓成人受教于儿童？谓成人不敢自存成见，立于儿童之地位而体验之，以定教育之方法。民国之教育亦然。君主时代之教育，不外利己主义。君主或少数人结合之政府，以其利己主义为目的物，乃揣摩国民之利己心，以一种方法投合之，引以迁就于君主或政府之主义。如前清时代承科举余习，奖励出身，为驱诱学生之计；而其目的，在使受教育者皆富于服从心、保守心，易受政府驾驭。现在此种主义，已不合用，须立于国民之地位，而体验其在世界、在社会有何等责任，应受何种教育。

社会逃不出世界，个人逃不出社会。世界尚未大同，社会与世界之利害未能完全一致。国家为社会之最大者，对于国家之责任与对于世界之责任，未必无互相冲突之时，犹之对于家庭之责任与对于国家之责任，不能无冲突也。国家、家庭两种责任，不得兼顾，常牺牲家庭以就国家；则对于国家之责任，自以与对世界之责任无冲突者为范围，可以例而知之。至于人之恒言，辄曰权利、义务。而鄙人所言责任，似偏于义务一方面，则以鄙人对于权利、义务之观念，并非相对的。盖人类上有究竟之义务，所以克尽义务者，是谓权利；或受外界之阻力，而使不克尽其义务，是谓权利之丧失。是权利由义务而生，并非对待关系。而人类所最需要者，即在克尽其种种责任之能力，盖无可疑。由是教育家之任务，即在为受教育者养成此种能力，使能尽完全责任，亦无可疑也。

当民国成立之始，而教育家欲尽此任务，不外乎五种主义，即军国民教育、实利主义、公民道德、世界观、美育是也。五者以公民道德为中坚，盖世界观及美育皆所以完成道德，而军国民教育及实利主义，则必以道德为根本。我国人本以善营业闻于世界。侨寓海外，忍非常之困苦，以致富者常有之，是其一例。所以不免为贫国者，因人民无道德心，不能结合为大事业，以与外国相抗；又不求自立而务侥幸。故欲提倡实利主义，必先养其道德。至于军国民主义之不可以离道德，则更易见。我国从前有勇于公战、怯于私斗之语。现在军队时生事端，何尝非尚武之人由无道德心以裁制之故耳。教育者，非为已往，非为现在，而专为将来。从前言人才教育者，尚有十年树木、百年树人之说，可见教育家必有百世不迁之主义，如公民道德是。其他因时势之需要，而亦不能不采用，如实利主义及军国民主义是也。吾人会议之时，不可不注意。

又有一层，我中国人向有一弊，即是自大；及其反动，则为自弃。自大者，保守心太重，以为我中国有四千年之文化，为外国所不及，外国之法制皆不足取；及屡经战败，则转而为崇拜外人，事事以外国为标准，有欲行之事，则曰是某某国所有也。遇不敢行之事，则曰某某等国尚未行者，我国又何能行？此等几为议事者之口头禅，是由自大而变为自弃也。普通教育废止读经，大学校废经科，而以经科分人文科之哲学、史学、文学三门，是破除自大旧习之一端。

至现在我等教育规程，取法日本者甚多。此并非我等苟且，我等知日本学制本取法欧洲各国。唯欧洲各国学制，多从历史上渐演而成，不甚求其整齐划一，而又含有西洋人特别之习惯；日本则变法时所创设，取西洋各国之制而折中之，取法于彼，尤为相宜。然日本国体与我不同，不可不兼采欧美相宜之法。即使日本及欧美各国尚未实行，而教育家正在鼓吹者，我等亦可采而行之。我等须从原理上观察，可行则行，不必有先我而为之者。例如十三个月之年历，十二音符之新乐谱，在欧美各国为习惯所限，明知其善而尚未施行，我国亦不妨先取而行之。学制之中，间亦有类此者。

此刻教育部预备之议案，大约有四十余种之多。第一类，是学校系统；第二类，是各学校令及规程；第三类，教育行政之关系；第四类，学校中详细规则；第五类，大概含有社会教育性质。

其中有一大问题，是国语统一办法。现在有人提议：初等小学宜教国语，不宜教国文。既要教国语，非先统一国语不可；然而，中国语言各处不同，若限定以一地方之语言为标准，则必招各地方之反对，故必有至公平之办法。国语既一，乃可定音标。从前中央教育会虽提出此案，因关系重要，尚未解决。

此外，又有种种问题，不能单从教育界解决者。如前清学部主张中学以上由中央政府直辖；中学以下，归地方政府管辖。日昨有几位谈及，谓废府以后，中学校应归省立或县立。此等须俟地方官制颁布后，始能规定。现在只能假定一划分之方法，即如中等以上教育，取给于国家税，或以国家产业作基本金；中等以下，取给于地方税，或用地方产业作基本金。亦只能为假定之方法。

诸君此次来京，想亦有许多议案提出。其间与本部及其他议员提出之问题略同者，可以合并讨论。此次临时教育会议，时期甚短，而议案至多。若讨论过于烦琐，恐耽误时间，不能尽议。盖诸君多半担任教育事务者，即使延会，恐亦不能过于延长。所以，希望诸君于议案之排列，将重要者提前开议。又每案之中，先摘出重要诸点，详细讨论；其他无关宏旨者，不妨姑略之。鄙人今日所欲言者止此。

（选自《全国临时教育会议开会词》）

五种教育皆不可偏废

蔡元培

近日在教育部与诸同人新草学校法令，以为征集高等教育会议之预备，颇承同志饷以说论。顾关于教育方针者殊寡，辄先述鄙见以为喤引，幸海内教育家是正之。

教育有二大别：曰隶属于政治者，曰超轶乎政治者。专制时代（兼立宪而含专制性质者言之），教育家循政府之方针以标准教育，常为纯粹之隶属政治者。共和时代，教育家得立于人民之地位以定标准，乃得有超轶政治之教育。清之季世，隶属政治之教育，腾于教育家之口者，曰军国民教育。夫军国民教育者，与社会主义僢驰，在他国已有道消之兆。然在我国，则强邻交逼，亟图自卫，而历年丧失之国权，非凭借武力，势难恢复。且军人革命以后，难保无军人执政之一时期，非行举国皆兵之制，将使军人社会，永为全国中特别之阶级，而无以平均其势力。则如所谓军国民教育者，诚今日所不能不采者也。

虽然，今之世界，所恃以竞争者，不仅在武力，而尤在财力。且武力之半，亦由财力而孳乳。于是有第二之隶属政治者，曰实利主义之教育，以人民生计为普通教育之中坚。其主张最力者，至以普通学术，悉寓于树艺、烹饪、裁缝及金、木、土工之中。此其说创于美洲，而近亦盛行于欧陆。我国地宝不发，实业界之组织尚幼稚，人民失业者至多，而国甚贫。实利主义之教育，固亦当务之急者也。

是二者，所谓强兵富国之主义也。顾兵可强也，然或溢而为私斗，为侵略，则奈何？国可富也，然或不免知欺愚，强欺弱，而演贫富悬绝，资本家与劳动家血战之惨剧，则奈何？曰教之以公民道德。何谓公民道德？曰法兰西之革命也，所标揭者，曰自由、平等、亲爱。道德之要旨，尽于是矣。孔子曰：匹夫不可夺志。孟子曰：大丈夫者，富贵不能淫，贫贱不能移，威武不能屈。自由之谓也。古者盖谓之义。孔子曰：己所不欲，勿施于人。子贡曰：我不欲人之加诸我也，吾亦欲毋加诸人。《礼记·大学》曰：所恶于前，毋以先后；所恶于后，毋以从前；所恶于右，毋以交于左；所恶于左，毋以交于右。平等之谓也。古者盖谓之恕。自由者，就主观而言之也。然我欲自由，则亦当尊人之自由，故通于客观。平等者，就客观而言之也。然我不以不平等遇人，则亦不容人之以不平等遇我，故通于主观。二者相对而实相成，要皆由消极一方面言之。苟不进之以积极之道德，则夫吾同胞中，固有因生禀之不齐，境遇之所迫，企自由而不遂，求与人平等而不能者。将一切恝置之，而所谓自由若平等之量，仍不能无缺陷。孟子曰：鳏寡孤独，天下之穷民而无告者也。张子曰：凡天下疲癃残疾茕独鳏寡，皆吾兄弟之颠连而无告者也。禹思天下有溺者，由己溺之。稷思天下有饥者，由己饥之。伊尹思天下之人，匹夫匹妇有不与被尧舜之泽者，若己推而纳之沟中。孔子曰：己欲立而立人，己欲达而达人。亲爱之谓也。古者盖谓之仁。三者诚一切道德之根源，而公民道德教育之所有事者也。

教育而至于公民道德，宜若可为最终之鹄的矣。曰未也。公民道德之教育，犹未能超轶乎政治者也。世所谓最良政治者，不外乎以最大多数之最大幸福为鹄的。最大多数者，积最少数之一人而成者也。一人之幸福，丰衣足食也，无灾无害也，不外乎现世之幸福。积一人幸福而为最大多数，其鹄的犹是。立法部之所评议，行政部之所执行，司法部之所保护，如是而已矣。即进而达《礼运》之所谓大道为公，社会主义家所谓未来之黄金时代，人各尽所能，而各得其所需要，要亦不外乎现世之幸福。盖政治之鹄的，如是而已矣。一切隶属政治之教育，充其量亦如是而已矣。

虽然，人不能有生而无死。现世之幸福，临死而消灭。人而仅仅以临死消灭之幸福为鹄的，则所谓人生者有何等价值乎？国不能有存而无亡，世界不能有成而无毁，全国之民，全世界之人类，世世相传，以此不能不消灭之幸福为鹄的，则所谓国民若人类者，有何等价值乎？且如是，则就一人而言之，杀身成仁也，舍生取义也，舍己而为群也，有何等意义乎？就一社会而言之，与我以自由乎，否则与我以死，争一民族之自由，不至沥全民族最后之一滴血不已，不至全国为一大冢不已，有何等意义乎？且人既无一死生破利害之观念，则必无冒险之精神，无远大之计划，见小利，急近功，则又能保其不为失节堕行身败名裂之人乎？谚曰："当局者迷，旁观者清。"非有出世间之思想者，不能善处世间事，吾人即仅仅以现世幸福为鹄的，犹不可无超轶现世之观念，况鹄的不止于此者乎？

以现世幸福为鹄的者，政治家也；教育家则否。盖世界有二方面，如一纸之有表里：一为现象，一为实体。现象世界之事为政治，故以造成现世幸福为鹄的；实体世界之事为宗教，故以摆脱现世幸福为作用。而教育者，则立于现象世界，而有事于实体世界者也。故以实体世界之观念为其究竟之大目的，而以现象世界之幸福为其达于实体观念之作用。

然则现象世界与实体世界之区别何在耶？曰，前者相对，而后者绝对；前者范围于因果律，而后者超轶乎因果律；前者与空间时间有不可离之关系，而后者无空间时间之可言；前者可以经验，而后者全恃直观。故实体世界者，不可名言者也。然而既以是为观念之一种矣，则不得不强为之名，是以或谓之道，或谓之太极，或谓之神，或谓之黑暗之意识，或谓之无识之意志。其名可以万殊，而观念则一。虽哲学之流派不同，宗教家之仪式不同，而其所到达之最高观念皆如是。（最浅薄之唯物论哲学，及最幼稚之宗教祈长生求福利者，不在此例。）

然则，教育家何以不结合于宗教，而必以现象世界之幸福为作用？曰：世固有厌世派之宗教若哲学，以提撕实体世界观念之故，而排斥现象世界。因以现象世界之文明为罪恶之源，而一切排斥之者。吾以为不然。现象实体，仅一世界之两方面，非截然为互相冲突之两世界。吾人之感觉，既托于现象世界，则所谓实体者，即在现象之中，而非必灭乙而后生甲。其现象世界间所以为实体世界之障碍者，不外二种意识：一、人我之差别，二、幸福之营求是也。人以自卫力不平等而生强弱，人以自存力不平等而生贫富。有强弱贫富，而彼我差别之意识起。弱者贫者，苦于幸福之不足，而营求之意识起。有人我，则于现象中有种种之界画，而与实体违。有营求则当其未遂，为无已之苦痛。及其既遂，为过量之要索。循环于现象之中，而与实体隔。能剂其平，则肉体之享受，纯任自然，而意识界之营求泯，人我之见亦化。合现象世界各别之意识为浑同，而得与实体吻合焉。故现世幸福，为不幸福之人类到达于实体世界之一种作用，盖无可疑者。军国民、实利两主义，所以补自卫自存之力之不足。道德教育，则所以使之互相卫互相存，皆所以泯营求而忘人我者也。由是而进以提撕实体观念之教育。

提撕实体观念之方法如何？曰：消极方面，使对于现象世界，无厌弃而亦无执着；积极方面，使对于实体世界，非常渴慕而渐进于领悟。循思想自由言论自由之公例，不以一流派之哲学一宗门之教义梏其心，而唯时时悬一无方体无始终之世界观以为鹄。如是之教育，吾无以名之，名之曰世界观教育。

虽然，世界观教育，非可以旦旦而聒之也。且其与现象世界之关系，又非可以枯槁单简之言说袭而取之也。然则何道之由？曰美感之教育。美感者，合美丽与尊严而言之，介乎现象世界与实体世界之间，而为津梁。

此为康德所创造，而嗣后哲学家未有反对之者也。在现象世界，凡人皆有爱恶惊惧喜怒悲乐之情，随离合生死祸福利害之现象而流转。至美术则即以此等现象为资料，而能使对之者，自美感以外，一无杂念。例如采莲煮豆，饮食之事也，而一入诗歌，则别成兴趣。火山赤舌，大风破舟，可骇可怖之景也，而一入图画，则转堪展玩。是则对于现象世界，无厌弃而亦无执着也。人既脱离一切现象世界相对之感情，而为浑然之美感，则即所谓与造物为友，而已接触于实体世界之观念矣。故教育家欲由现象世界而引以到达于实体世界之观念，不可不用美感之教育。

五者，皆今日之教育所不可偏废者也。军国民主义、实利主义、德育主义三者，为隶属于政治之教育。（吾国古代之道德教育，则间有兼涉世界观者，当分别论之。）世界观、美育主义二者，为超轶政治之教育。

以中国古代之教育证之，虞之时，夔典乐而教胄子以九德，德育与美育之教育也。周官以卿三物教万民，六德六行，德育也。六艺之射御，军国民主义也。书数，实利主义也。礼为德育；而乐为美育。以西洋之教育证之，希腊人之教育为体操与美术，即军国民主义与美育也。欧洲近世教育家，如海尔巴脱氏纯持美育主义。今日美洲之杜威派，则纯持实利主义者也。

以心理学各方面衡之，军国民主义毗于意志；实利主义毗于知识；德育兼意志情感二方面；美育毗于情感；而世界观则统三者而一之。

以教育界之分言三育者衡之，军国民主义为体育；实利主义为智育；公民道德及美育皆毗于德育；而世界观则统三者而一之。

以教育家之方法衡之，军国民主义、世界观、美育，皆为形式主义；实利主义为实质主义；德育则二者兼之。

譬之人身：军国民主义者，筋骨也，用以自卫；实利主义者，胃肠也，用以营养；公民道德者，呼吸机循环机也，周贯全体；美育者，神经系也，所以传导；世界观者，心理作用也，附丽于神经系，而无迹象之可求。此即五者不可偏废之理也。

本此五主义而分配于各教科，则视各教科性质之不同，而各主义所占之分数，亦随之而异。国语国文之形式，其依准文法者属于实利，而依准美词学者，属于美感。其内容则军国民主义当占百分之十，实利主义当占其四十，德育当占其二十，美育当占其二十五，而世界观则占其五。

修身，德育也，而以美育及世界观参之。

历史、地理，实利主义也。其所叙述，得并存各主义。历史之英雄，地理之险要及战绩，军国民主义也；记美术家及美术沿革，写各地风景及所出美术品，美育也；记圣贤，述风俗，德育也；因历史之有时期，而推之于无终始，因地理之有涯涘，而推之于无方体，及夫烈士、哲人、宗教家之故事及遗迹，皆可以为世界观之导线也。

算学，实利主义也，而数为纯然抽象者。希腊哲人毕达哥拉士以数为万物之原，是亦世界观之一方面；而几何学各种线体，可以资美育。

物理化学，实利主义也。原子电子，小莫能破，爱耐而几（Enerey）范围万有，而莫知其所由来，莫穷其所究竟，皆世界观之导线也；视官听官之所触，可以资美感者尤多。

博物学，在应用一方面，为实利主义；而在观感一方面，多为美感。研究进化之阶段，可以养道德，体验造物之万能，可以导世界观。

图画，美育也，而其内容得包含各种主义：如实物画之于实利主义，历史画之于德育是也。其至美丽至尊严之对象，则可以得世界观。

唱歌，美育也，而其内容，亦可以包含种种主义。

手工，实利主义也，亦可以兴美感。

游戏，美育也；兵式体操，军国民主义也；普通体操，则兼美育与军国民主义二者。

上之所著，仅具辜较，神而明之，在心知其意者。

满清时代，有所谓钦定教育宗旨者，曰忠君，曰尊孔，曰尚公，曰尚武，曰尚实。忠君与共和政体不合，尊孔与信教自由相违（孔子之学术，与后世所谓儒教、孔教当分别论之。嗣后教育界何以处孔子，及何以处孔教，当特别讨论之，兹不赘），可以不论。尚武，即军国民主义也。尚实，即实利主义也。尚公，与吾所谓公民道德，其范围或不免有广狭之异，而要为同意。唯世界观及美育，则为彼所不道，而鄙人尤所注重，故特疏通而证明之，以质于当代教育家，幸教育家平心而讨论焉。

（选自《对于新教育之意见》）

军国民教育的特殊意义

蔡元培

数十年来，中国迫于外患的侵凌，不得不力谋自卫。军国民教育思想，深入人心。民国元年，我在教育部的时候，很多人提出军国民教育问题，我当时发表的《对于教育方针的意见》一文，有这么一段：

> 军国民教育者，与社会主义僢驰，在他国已有道消之兆。然在我国，则有强邻交逼，亟图自卫，而历年丧失之国权，非凭借武力，势难恢复。且军人革命以后，难保无军人执政之一时期，非行举国皆兵之制，将使军人社会永为全国中特别之阶级，而无以平均其势力，则如所谓军国民教育者，诚今日所不能不采者也。

辛亥革命前，我在上海爱国学社，与诸社员服军装，参加军事操。民国十年，我从欧洲回来，看到欧洲学生的精神活泼，体魄健强，劝告北京大学的学生注重体育。十一年直奉战起，北大和北平教育界组织妇孺保卫团，学生加入者三百余人，我提请北大总务会议议决改为学生军。

观以上两例，足见我个人对于国防的教育之赞同，不自今日始。

最近数年，外患频仍。为维护主权，保全领土，不得不举国上下一致动员，共谋国防的建设，以绵续民族的生命。则为完成国防的建设，而实施国防的教育，自为理所当然。唯此一名词，亦有狭义与广义之别。近日的军事训练：（一）机关的公务员、学校的教职员、年长的学生、征集之壮丁，实行军队生活，研讨战斗技术，妇女则练习救护、通讯、侦探等事；（二）为普通民众授以战争期间之常识，如避御袭击、预防毒气等，皆为应付紧急事变之工作，属于狭义。若照广义讲起来，那理工各课，直接间接均可作制造军械使用武器的准备；化学各课，即可作制造或避免毒气的准备；经济各课，亦可作筹措军需的准备；且作战不仅恃物质，尤恃精神，如光荣历史之回溯，英雄烈士之崇拜，国家民族之认识，国际大势之明了，爱国精神之激发，亦为国防建设之先决条件，则是历史、文学、公民各课，也不能说是与国防无关，是在教育家看受教育者的年龄与地位而善为消息耳。

（选自《国防的教育》）

美育，以陶养感情为目的

蔡元培

美育者，应用美学之理论于教育，以陶养感情为目的者也。人生不外乎意志，人与人互相关系，莫大乎行为，故教育之目的，在使人人有适当之行为，即以德育为中心是也。顾欲求行为之适当，必有两方面之准备：一方面，计较利害，考察因果，以冷静之头脑判定之；凡保身卫国之德，属于此类，赖智育之助者也。又一方面，不顾祸福，不计生死，以热烈之感情奔赴之。凡与人同乐、舍己为群之德，属于此类，赖美育之助者也。所以美育者，与智育相辅而行，以图德育之完成者也。

吾国古代教育，用礼、乐、射、御、书、数之六艺。乐为纯粹美育；书以记述，亦尚美观；射、御在技术之熟练，而亦态度之娴雅；礼之本义在守规则，而其作用又在远鄙俗。盖自数以外，无不含有美育成分者。其后若汉魏之文苑、晋之清谈、南北朝以后之书画与雕刻、唐之诗、五代以后之词、元以后之小说与剧本，以及历代著名之建筑与各种美术工艺品，殆无不于非正式教育中行其美育之作用。

其在西洋，如希腊雅典之教育，以音乐与体操并重，而兼重文艺。音乐、文艺，纯粹美育。体操者，一方以健康为目的，一方实以使身体为美的形式之发展；希腊雕像，所以成空前绝后之美，即由于此。所以雅典之教育，虽谓不出乎美育之范围，可也。罗马人虽以从军为政见长，而亦输入希腊之美术与文学，助其普及。中古时代，基督教徒，虽务以清静矫俗；而峨特式之建筑，与其他音乐、雕塑、绘画之利用，未始不迎合美感。自文艺复兴以后，文艺、美术盛行。及18世纪，经包姆加敦（Baumgarten，1714—1762）与康德（Kant，1724—1804）之研究，而美学成立。经席勒尔（Schiller，1759—1805）详论美育之作用，而美育之标识，始彰明较著矣。（席勒尔所著，多诗歌及剧本；而其关于美学之著作，唯 Brisfe Über die Üsthetische Erziehung，吾国“美育”之术语，即由德文之 Ästhetische Erziehung 译出者也。）自是以后，欧洲之美育，为有意识之发展，可以资吾人之借鉴者甚多。

爰参酌彼我情形而述美育之设备如下：美育之设备，可分为学校、家庭、社会三方面。

学校自幼稚园以至大学校，皆是。幼稚园之课程，若编纸、若黏土、若唱歌、若舞蹈、若一切所观察之标本，有一定之形式与色泽者，全为美的对象。进而至小学校，课程中如游戏、音乐、图画、手工等，固为直接的美育；而其他语言与自然、历史之课程，亦多足以引起美感。进而及中学校，智育之课程益扩加；而美育之范围，亦随以俱广。例如，数学中数与数常有巧合之关系。几何学上各种形式，为图案之基础。物理、化学上能力之转移，光色之变化；地质学的矿物学上结晶之匀净，闪光之变幻；植物学上活色生香之花叶；动物学上逐渐进化之形体，极端改饰之毛羽，各别擅长之鸣声；天文学上诸星之轨道与光度；地文学上云霞之色彩与变动；地理学上各方之名胜；历史学上各时代伟大与都雅之人物与事迹；以及其他社会科学上各种大同小异之结构，与左右逢源之理论；无不于智育作用中，含有美育之元素；一经教师之提醒，则学者自感有无穷之兴趣。其他若文学、音乐等之本属于美育者，无待言矣。进而至大学，则美术、音乐、戏剧等皆有专校，而文学亦有专科。即非此类专科、专校之学生，亦常有公开之讲演或演奏等，可以参加。而同学中亦多有关于此等美育之集会，其发展之度，自然较中学为高矣。且各级学校，于课程外，尚当有种种关于美育之设备。例如，学校所在之环境有山水可赏者，校之周围，设清旷之园林。而校舍之建筑，器具之形式，造像摄影之点缀，学生成绩品之陈列，不但此等物品之本身，美的程度不同，而陈列之位置与组织之系统，亦大有关系也。

其次家庭：居室不求高大，以上有一二层楼，而下有地窟者为适宜。必不可少者，环室之园，一部分杂莳花木，而一部分可容小规模之运动，如秋千、网球之类。其他若卧室之床几、膳厅之桌椅与食具、工作室之书案与架柜、会客室之陈列品，不问华贵或质素，总须与建筑之流派及各物品之本式，相互关系上，无格格不相入之状。其最必要而为人人所能行者，清洁与整齐。其他若鄙陋之词句，如恶谑与谩骂之类，粗暴与猥亵之举动，无论老幼、男女、主仆，皆当摒绝。

再次社会：社会之改良，以市乡为立足点。凡建设市乡，以上水管、下水管为第一义；若居室无自由启闭之水管，而道路上见有秽水之流演、粪桶与粪船之经过，则一切美观之设备，皆为所破坏。次为街道之布置，宜按全市或全乡地面而规定大街若干、小街若干，街与街之交叉点，皆有广场。场中设花坞，随时移置时花；设喷泉，于空气干燥时放射之；如北方各省尘土飞扬之所，尤为必要。陈列美术品，如名人造像，或神话、故事之雕刻等。街之宽度，预为规定，分步行、车行各道，而旁悉植树。两旁建筑，私人有力自营者，必送其图于行政处，审为无碍于观瞻而后认可之；其无力自营而需要住所者，由行政处建筑公共之寄宿舍。或为一家者，或为一人者，以至廉之价赁出之。于小学校及幼稚园外，尚有寄儿所，以备孤儿或父母同时做工之子女可以寄托，不使抢攘于街头。对于商店之陈列货物，悬挂招牌，张贴告白，皆有限制，不使破坏大体之美观，或引起恶劣之心境。载客运货之车，能全用机力，最善。必不得已而利用畜力，或人力，则牛马必用强壮者，装载之量与运行之时，必与其力相称。人力间用以运轻便之物，或负担，或曳车、推车。若为人舁轿挽车，唯对于病人或妇女，为徜徉游览之助者，或可许之。无论何人，对于老牛、羸马之竭力以曳重载，或人力车夫之袒背浴汗而疾奔，不能不起一种不快之感也。设习艺所，以收录贫苦与残疾之人，使得于能力所及之范围，稍有所贡献，以偿其所享受，而不许有沿途乞食者。设公墓，可分为土葬、火葬两种，由死者遗命或其子孙之意而选定之。墓地上分区、植树、莳花、立碑之属，皆有规则。不许于公墓以外，买地造坟。分设公园若干于距离适当之所，有池沼亭榭、花木鱼鸟，以供人工作以后之休憩。设植物园，以观赏四时植物之代谢。设动物园，以观赏各地动物特殊之形状与生活。设自然历史标本陈列所，以观赏自然界种种悦目之物品。设美术院，以久经鉴定之美术品，如绘画、造像及各种美术工艺，刺绣、雕镂之品，陈列于其中，而有一定之开放时间，以便人观览。设历史博物院，以使人知一民族之美术，随时代而不同。设民族学博物院，以使人知同时代中，各民族之美术，各有其特色。设美术展览会，或以新出之美术品，供人批评；或以私人之所收藏，暂供众览；或由他处陈列所中，抽借一部，使观赏者常有新印象，不为美术院所限也。设音乐院，定期演奏高尚之音乐，并于公园中为临时之演奏。设出版物检查所，凡流行之诗歌、小说、剧本、画谱，以至市肆之挂屏、新年之花纸，尤其儿童所读阅之童话与画本等，凡粗犷、猥亵者禁止之，而择其高尚优美者助为推行。设公立剧院及影戏院，专演文学家所著名剧及有关学术，能引起高等情感之影片，以廉价之入场券引人入览。其他私人营业之剧院及影戏院，所演之剧与所照之片，必经公立检查所之鉴定，凡卑猥陋劣之作，与真正之美感相冲突者，禁之。婚丧仪式，凡陈陈相因之仪仗、烦琐无理之手续，皆废之；定一种简单而可以表示哀乐之公式。每年遇国庆日，或本市本乡之纪念日，则于正式祝典以外，并可有市民极端欢娱之表示；然亦有一种不能越过之制限；盖文明人无论何时，总不容有无意识之举动也。以上所举，似专为新立之市乡而言，其实不然。旧有之市乡，含有多数不合美育之分子者，可于旧市乡左近之空地，逐渐建设，以与之交换，或即于旧址上局部改革。

要之，美育之道，不达到市乡悉为美化，则虽学校、家庭尽力推行，而其所受环境之恶影响，终为阻力，故不可不以美化市乡为最重要之工作也。

（选自《美育》）

美育代宗教说

蔡元培

有的人常把美育和美术混在一起，自然美育和美术是有关系的，但这两者范围不同，只有美育可以代宗教，美术不能代宗教，我们不要把这一点误会了。就视觉方面而言，美术包括建筑、雕刻、图画三种，就听觉方面而言，包括音乐。在现在学校里，像图画、音乐这几门功课都很注意，这是美术的范围。至于美育的范围要比美术大得多，包括一切音乐、文学、戏院、电影、公园、小小园林的布置、繁华的都市（例如上海）、幽静的乡村（例如龙华），等等，此外，如个人的举动（例如六朝人的尚清谈）、社会的组织、学术团体、山水的利用，以及其他种种的社会现状，都是美育。美育是广义的，而美术则意义太狭。美术是活动的，譬如中学生的美术就和小学生的不同，哪一种程度的人，就有哪一种的美术；民族文化到了什么程度，就产生什么程度的美术。美术有时也会引起不好的思想，所以国家裁制，便不用美术。

我为什么想到以美育代宗教呢？因为现在一般人多是抱着主观的态度来研究宗教，其结果，反对或者是拥护，纷纭聚讼，闹不清楚。我们应当从客观方面去研究宗教。不论宗教的派别怎样的不同，在最初的时候，宗教完全是教育，因为那时没有像现在那样为教育而设的特殊机关，譬如基督教青年会讲智、德、体三育，这就是教育。

初民时代没有科学，一切人类不易知道的事，全赖宗教去代为解释。初民对于山、海、光，以及天雨、天晴等等的自然界现象，很是惊异，觉得这些现象的发生，总有一个缘故在里面。但是什么人去解释呢？又譬如星是什么，太阳是什么，月亮是什么，世界什么时候起始，为什么有这世界，为什么有人类，这许多问题。现在社会人事繁复，生活太复杂，人类一天到晚，忙忙碌碌，没有工夫去研究这些问题；但我们的祖宗生活却很简单，除了打猎外，便没有什么事，于是就有摩西亚把这些问题作了一番有系统的解答，把生前是一种怎样情形，死后又是一种怎样情形，世界没有起始以前是怎样，世界将来的究竟又是怎样，统统都解释了出来。为什么会有日食、月食那种自然的现象呢？说是日或月给动物吞食了去。在创世纪里，说人类是上帝于一天之内造出来的，世界也是上帝造出来的，而且可吃的东西都有。经过这样一番解释之后，初民的求知欲就满足了。这是说到宗教和智育的关系。

从小学教科书里直到大学教科书里，有人讲给我们听，说人不可做怎样怎样不好的事，这是从消极说法；更从积极方面，说人应该做怎样怎样的人，这就是德育。譬如摩西的十戒也说了许多人“可以”怎样和“不可以”怎样的话，无论哪一种的宗教总是讲规矩，讲爱人爱友，爱敌如友，讲怎样做人的模范，现在的德育也是讲人和人如何往来，人如何对待人，这是说到宗教和德育的关系。

宗教有跪拜和其他种种繁重的仪式，有的宗教的信徒每日还要静坐多少时间，有许多基督教徒每年要往耶路撒冷去朝拜，佛教徒要朝山，要到大寺院里去进香。我把这些情形研究的结果，原来都和体育与卫生有关。周朝很注重礼节，一部《周易》无非要人强壮身体，一部《礼记》规定了很繁重的礼节，也无非要人勇敢强有力，所谓平常有礼，有事当兵。这是说到宗教和体育的关系。

所以，在宗教里面智、德、体三育都齐备了。

凡是一切教堂和寺观，大都建筑在风景最好的地方。欧洲文艺复兴之后，在建筑方面产生了许多格式。中国的道观，其建筑的格式最初大都由印度输入，后来便渐渐地变成了中国式。回教的建筑物，在世界美术上是很有名的。我们看了这些庄严灿烂的建筑物，就可以明了这些建筑物的意义，就是人在地上不够生活，要跳上天去，而这天堂就是要建立在地上的。再说到这些建筑物的内部也是很壮丽的，我们只要到教堂里面去观察，我们就可以看出里面的光线和那些神龛都显出神秘的样子；而且教堂里面一定有许多雕刻，这些雕刻都起源于基督教。现在有许多油画和图像，都取材自基督教；唐朝的图像也都是佛。此外，在音乐方面，宗教的音乐，例如宗教上的赞美歌和歌舞，其价值是永远存在的。现在会演说的人有许多是宗教家。宗教和文学也有很密切的关系，因为两者都是感情的产物。凡此种种，其目的无非在引起人们的美感，这是宗教的一种很重要的作用。因为宗教注意教人，要人对于一切不满意的事能找到安慰，使一切辛苦和不舒服能统统去掉。但是用什么方法呢？宗教不能用很严正的话或很具体的话去劝慰人，它只能利用音乐和其他一切的美术，使人们被引到别一方面去，到另外一个世界上去，而把具体世界忘掉。这样，一切困苦便可以暂时去掉，这是宗教最大的作用。所以宗教必有抽象的上帝，或是先知，或是阿弥陀佛。这是说到宗教和美育的关系。

以前都是以宗教代教育，除了宗教外，没有另外的教育，就是到了欧洲的中古时代，也还是这样。教育完全在教堂里面，从前日本的教育都由和尚担任了去，也只有宗教上的人有那热心和余暇去从事于教育的事业。但现在可不同了，现在有许多的事，我们都知道。譬如一张桌子，有脚，其原料是木头；灯有光，等等。这些事情只有科学和工艺书能告诉我们，动物学和植物学也告诉了我们许多关于自然的现象。此外如地球如何发生，太阳是怎么样，星宿是怎么样，也有地质学和天文学可以告诉我们，而且解释得很详细，比宗教更详细。甚而至于人死后身体怎样的变化，灵魂怎样，也有幽灵学可以告诉我们。还有精神上的动作，下意识的状态等，则有心理学可以告诉我们。所以单是科学已尽够解释一切事物的现象，用不着去请教宗教。这样，宗教和智育便没有什么关系。现在宗教对于智育，不但没有什么帮助，而且反有障碍，譬如像现在的美国，思想总算很能自由，但在大学里还不许教进化论，到现在宗教还保守着上帝七天造人之说，而不信科学。这样说来，宗教不是反有害吗?

讲到德育，道德不过是一种行为。行为也要用科学的方法去研究的，先要考察地方的情形和环境，然后才可以定一种道德的标准，否则便不适用。例如在某地方把某种行为视为天经地义，但换一个地方便成为大逆不道。所以从历史上看来，道德有的时候很是野蛮。宗教上的道德标准，至少是千余年以前的圣贤所定，对于现在的社会，当然是已经不甚适用。譬如圣经上说有人打你的右颊，你把左颊也让他打，有人剥你的外衣，你把里衣也脱了给他。这几句话意思固然很好，但能否做得到，是否可以这样做，也还是一个问题。但相信宗教的人，却要绝对服从这些教义。还有宗教常把男女当作两样东西看待，这也是不对的。所以道德标准不能以宗教为依归。这样说来，现在宗教对于德育，也是不但没有益处，而且反有害处的。

至于体育，宗教注重跪拜和静坐，无非教人不要懒惰，也不要太劳。有许多人进杭州天竺烧香，并不一定是相信佛，不过是趁这机会看看山水罢了。现在各项运动，如赛跑、玩球、摇船等，都有科学的研究，务使身体上无论哪一部分都能平均发达。遇着山水好的地方，便到那个地方去旅行。此外，又有疗养院的设施，使人有可以静养的处所。人疲劳了应该休息，换找新鲜空气，这已成为老生常谈。所以就体育而言，也用不着宗教。

这样，在宗教的仪式中，就丢掉了智、德、体三育，剩下来的只有美育，成为宗教的唯一元素。各种宗教的建筑物，如庵观寺院，都造得很好，就是反对宗教的人也不会说教堂不是美术品。宗教上的各种美术品，直到现在，其价值还是未动，还是能够站得住，无论信仰宗教或反对宗教的人，对于宗教上的美育都不反对，所以关于美育一部分宗教还能保留。但是因为有了美育，宗教可不可以代美育呢？我个人以为不可。因为宗教上的美育材料有限制，而美育无限制。美育应该绝对的自由，以调养人的感情。吴道子的画没有人说他坏，因为每一个人都有他自己所欣赏的美术。宗教常常不许人怎样怎样，一提起信仰，美育就有限制。美育要完全独立，才可以保有它的地位。在宗教专制之下，审美总不很自由。所以用宗教来代美育是不可的。还有，美育是整个的，一时代有一时代的美育。油画以前是没有的，现在才有。照相也是如此。唱戏也经过了许多时期。无论音乐、工艺美术品，都是时时进步的。但宗教却绝对的保守，譬如一部圣经，哪一个人敢修改？这和进化刚刚相反。美育是普及的，而宗教则都有界限。佛教和道教互相争斗，基督教和回教到现在还不能调和，印度教和回教也极不相容，甚至基督教中间也有新教、旧教、天主教、耶稣教之分，界限大，利害也就很清楚。美育不要有界限，要能独立，要很自由，所以宗教可以去掉。宗教说好人死后不吃亏，但现在科学发达，人家都不相信。宗教又说，人死后有灵魂，做好人可以受福，否则要在地狱里受灾难，但究竟如何，还没有人拿出实在证据来。总之，宗教可以没有，美术可以辅宗教之不足，并且只有长处而没有短处，这是我个人的见解。这问题很是重要。这个题目是陈先生定的，不是我自己定的，我到现在还在研究中，希望将来有具体的计划出来，我现在不过把已想到的大概情形向诸位说说。

（选自《美育代宗教》）

美育实施的方法

蔡元培

我国初办新式教育的时候，只提出体育、智育、德育三条件，称为三育。十年来，渐渐地提到美育，现在教育界已经公认了。李石岑先生要求我说说“美育实施的方法”，我把我个人的意见写在下面。

照现在教育状况，可分为三个范围：（一）家庭教育；（二）学校教育；（三）社会教育。我们所说的美育，当然也有这三方面。

我们要作彻底的教育，就要着眼最早的一步。虽不能溢出范围，推到优生学，但至少也要从胎教起点。我从不信家庭有完美教育的可能性，照我的理想，要从公立的胎教院与育婴院着手。

公立胎教院是给孕妇住的，要设在风景佳胜的地方，不为都市中混浊的空气、纷扰的习惯所沾染。建筑的形式要匀称，要玲珑，用本地旧派，略参希腊或文艺中兴时代的气味。凡埃及的高压式，峨特的偏激派，都要避去。四面都是庭园。有广场，可以散步，可以作轻便的运动，可以赏月观星。园中杂莳花木，使四时均有雅丽之花叶，可以悦目。选毛羽秀丽、鸣声谐雅的动物，散布花木中间；须避去用索系猴、用笼装鸟的习惯。引水成泉，勿作激流。汇水成池，蓄美观活泼的鱼。室内糊壁的纸、铺地的毡，都要选恬静的颜色、疏秀的花纹。应用与陈列的器具，要轻便雅致，不取笨重或过于琐巧的。一室中要自成系统，不可混乱。陈列雕刻图画，都取优美一派；应有健全体格的裸体像与裸体画。凡有粗犷、猥亵、悲惨、怪诞等品，即使描写个性，大有价值，这里都不好加入。过度激刺的色彩，也要避去。备阅览的文字，要乐观的、和平的；凡是描写社会黑暗方面、个人神经异常的，要避去。每日可有音乐，选取的标准，与图画一样，激刺太甚的、卑靡的，都不取。总之，各种要孕妇完全在乎和活泼的空气里面，才没有不好的影响传到胎儿。这是胎儿的美育。

孕妇产儿以后，就迁到公共育婴院，第一年是母亲自己抚养的；第二、第三年，如母亲要去担任她的专业，就可把婴儿交给保姆。育婴院的建筑，与胎教院大略相同，或可联合一处。其中陈列的雕刻图画，可多选裸体的康健儿童，备种种动静的姿势；隔几日，可更换一套。音乐，选简单静细的。院内成人的言语与动作，都要有适当的音调态度，可以作儿童的模范。就是衣饰，也要有一种优美的表示。

在这些公立机关未成立以前，若能在家庭里面，按照上列的条件小心布置，也可承认为家庭美育。

儿童满了三岁，要进幼稚园了。幼稚园是家庭教育与学校教育的过渡机关，那时候儿童的美感，不但被动的领受，并且自动地表示了。舞蹈、唱歌、手工，都是美育的专课。就是教他计算、说话，也要从排列上、音调上迎合他们的美感，不可用枯燥的算法与语法。

儿童满了六岁，就进小学校，此后十一二年，都是普通教育时期，专属美育的课程，是音乐、图画、运动、文学等。到中学时代，他们自主力渐强，表现个性的冲动渐渐发展，选取的文字、美术，可以复杂一点。悲壮、滑稽的著作，都可应用了。

但是美育的范围，并不限于这几个科目，凡是学校所有的课程，都没有与美育无关的。例如数学，仿佛是枯燥不过的了；但是美术上的比例、节奏，全是数的关系，截金术是最显的例。数学的游戏，可以引起滑稽的美感。几何的形式，是图案术所应用的。理化学似乎机械性了；但是声学与音乐，光学与色彩，密切得很。雄强的美，全是力的表示。美学中有“感情移入”论，把美术品形式都用力来说明它。文学、音乐、图画，都有冷热的异感，可以从热学上引起联想。磁电的吸距，就是人的爱憎。有许多美术工艺，是用电力制成的。化学实验，常见美丽的光焰；原子、电子的排列法，可以助图案的变化。图画所用的颜料，有许多是化学品。星月的光辉，在天文学上不过映照距离的关系，在文学、图画上便有绝大的魔力。矿物的结晶、闪光与显色，在科学上不过自然的结果，在装饰品便作重要的材料。植物的花叶，在科学上不过生殖与呼吸机关，或供分类的便利；动物的毛羽与声音，在科学上作为保护生命的作用，或雌雄淘汰的结果；在美术、文学上都为美观的材料。地理学上云霞风雪的变态、山岳河海的名胜、文学家美学家的遗迹，历史上文学美术的进化、文学家美术家的轶事，也都是美育的资料。

由普通教育转到专门教育，从此关乎美育的学科，都成为单纯的进行了。爱音乐的进音乐学校，爱建筑、雕刻、图画的进美术学校，爱演剧的进戏剧学校，爱文学的进大学文科，爱别种科学的人就进了别的专科了。但是每一个学校的建筑式、陈列品，都要合乎美育的条件。可以时时举行辩论会、音乐会、成绩展览会、各种纪念会等，都可以利用它来行普及的美育。

学生不是常在学校的，又有许多已离学校的人，不能不给他们一种美育的机会，所以又要有社会的美育。

社会美育，从专设的机关起：

（一）美术馆，搜罗各种美术品，分类陈列。于一类中，又可依时代为次。以原本为主，但别处所藏的图画，最著名的，也用名手的摹本。别处所藏的雕刻，也可用摹造品。须有精印的目录，插入最重要品的摄影。每日定时开馆。能不收入门券费最善；必不得已，每星期日或节日必须免费。

（二）美术展览会，须有一定的建筑，每年举行几次，如春季展览、秋季展览等。专征集现代美术家作品，或限于本国，或兼征他国的。所征不胜陈列，组织审查委员选定。陈列品可开明价值，在会中出售。余时亦可开特别展览会，或专陈一家作品，或专陈一派作品。也有借他国美术馆或私人所藏展览的。

（三）音乐会，可设一定的会场，定期演奏。在夏季也可在公园、广场中演奏。

（四）剧院，可将歌舞剧、科白剧分设两院，亦可于一院中更番演剧。剧本必须出文学家手笔，演员必须受过专门教育。剧院营业，如不敷开支，应用公款补助。

（五）影戏馆，演片须经审查，凡无聊的滑稽剧、凶险的侦探案、卑猥的恋爱剧都去掉。单演风景片与文学家作品。

（六）历史博物馆，所收藏大半是美术品，可以看出美术进化的痕迹。

（七）古物学陈列所，所收藏的大半是古代的美术品，可以考见美术的起源。

（八）人类学博物馆，所收藏的不全是美术品，或者有很丑恶的，但可以比较各民族的美术，或是性质不同，或是程度不同。无论如何幼稚的民族，总有几种惊人的美术品。又往往不相交通的民族，有同性质的作品。很可以促进美术的进步。

（九）博物学陈列所与植物园、动物园，这固然不专为美育而设，但矿物的标本与动植物的化石，或色彩绚烂，或结构精致，或形状奇伟，很可以引起美感。若种种生活的动植物，值得赏鉴，更不待言了。

在这种特别设备以外，又要有一种普遍的设备，就是地方的美化。若只有特别的设备，平常接触耳目的，还是些卑丑的形状，美育就不完全；所以不可不谋地方的美化。

地方的美化：第一是道路。欧洲都市最广的道路，两旁为人行道，其次公车来往道，又间以种树、艺花及游人列坐的地方二三列，这自然不能常有的。但每条道路，都要宽平。一地方内各条道路，要有一点匀称的分配。道路交叉的点，必须留一空场，置喷泉、花畦、雕刻品等。

第二是建筑。三间东倒西歪屋，固然起脆薄、贫乏的感想；三四层匣子重叠式的洋房，也可起板滞、粗俗的感想。若把这两者并合在一处，真异常难受了。欧美海滨或山坳的别墅团体，大半是一层楼，适敷小家庭居住，二层的已经很少，再高是没有的。四面都是花园，疏疏落落，分开看各有各的意匠，合起来看，合成一个系统。现在各国都有“花园城”的运动，他们的建筑也大概如此。我们的城市改革很难，组织新村的人，不可不注意呵！

第三是公园。公园有两种：一种是有围墙、有门，如北京中央公园，上海黄浦滩外国公园的样子。里面人工的设备多一点，进去有一点制限。还有一种，是并无严格的范围，以自然美为主，最要的是一大片林木，中开无数通路可以散步。有几大片草地可以运动。有一道河流，或汇成小湖，可以行小舟。建筑品不很多，游人可自由出入。在巴黎、柏林等，地价非常昂贵，但是这一类大公园，都有好几所永远留着。

第四是名胜的布置。瑞士有世界花园的称号，固然是风景很好，也是它们的保护点缀很适宜，交通很便利，所以能吸引游人。美国有好几所国家公园，地面很大，完全由国家保护，不能由私人随意占领，所以能保留它的优点，不受损坏。我们国内，名胜很多，但如黄山等，交通不便，颇难游赏。交通较便的如西湖等，又漫无限制，听无知的人造了许多拙劣的洋房，把自然美缀了许多污点，真是可惜。

第五是古迹的保存。新近的建筑，破坏了很不美观。若是破坏的古迹，转可以引起许多历史上的联想，于不完全中认出美的分子来。所以保存古迹，以不改动它为原则。但有些非加修理不可的，也要不显痕迹，且按着原状的派式。并且留得原状的摄影，记述修理情形同时日，备后人鉴别。

第六是公坟。我们中国人的做坟，可算是混乱极了。贫的是随地权厝，或随地做一个土堆子。富的是为了一个死人，占许多土地。石工墓木，也是千篇一律，一点没有美意。照理智方面观察，人既死了，应交医生解剖，若是于后来生理上病理上可备参考的，不妨保存起来。否则血肉可作肥料，骨骼可供雕刻品，也算得是废物利用了。但是人类行为，还有感情方面的吸力，生人对于死人，决不肯把他哀感所托的尸体，简单地处置了。若是照我们南方各省，满山是坟，不但太不经济，也是破坏自然美的一端。现在不如先仿西洋的办法，他们的公坟有两种：一是土葬的，如上海三马路，北京崇文门，都有西洋的公坟。他是画一块地，用墙围着，布置一点林木。要葬的可以指区购定。墓旁有花草，墓上的石碑有花纹，有铭词，各具意匠，也可窥见一时美术的风尚。还有一种是火葬，他们用很庄严的建筑，安置电力焚尸炉。既焚以后，把骨灰聚起来，装在古雅的瓶里，安置在精美石坊的方孔中。所占的地位，比土葬减少，坟园的布置，也很华美。这些办法都比我们的随地乱葬好，我们不妨先采用。

我说美育，一直从未生以前，说到既死以后，可以休了。中间有错误的、脱漏的，我再修补，尤希望读的人替我纠正。

（选自《美育实施的方法》）

二十五年来中国之美育

蔡元培

美育的名词，是民国元年我从德文的 Ästhetische Erziehung 译出，为从前所未有。在古代说音乐的，说文学的，说书画的，都说它们有陶冶性情的作用，就是美育的意义；不过范围较小，教育家亦未曾作普及的计划；最近二十五年，受欧洲美术教育的影响，始着手于各方面的建设，虽成绩不甚昭著，而美育一名词，已与智育、德育、体育等，同为教育家所注意，这不能不算是二十五年的特色。今把具体的事项，分别叙述于后。

一、造型美术

（甲）美术学校 现在国立的美术学校有二，私立的各地多有，但在教育部有案可稽的很少，而一时亦未及征集概况，大抵是二十五年以内次第设立的，要以上海美术专门学校为最早。

（子）私立上海美术专门学校——民国元年十一月，武进刘海粟设上海图画美术院于上海乍浦路，发表宣言如下：

一、我们要发展东方固有的美术，研究西方艺术的精英。

二、我们要在残酷无情、干枯、堕落的社会里，尽宣传艺术的责任，把固有的创造精神恢复。

对于创造美术学校的旨趣，可称扼要，是院于二年三月开课，仅设绘画科两班，学生十二人。是年七月，于正科外，设选科。三年，改绘画科为西洋画科。四年一月，增设艺术师范科。九年四月，更名上海美术学校，规定设中国画科、西洋画科、工艺图案科、雕塑科、高级师范科、初级师范科，凡六科，学生三百人。是年六月，设暑期学校，兼收女生。十年八月，奉教育部令，定名上海美术专门学校。十二年五月，建西洋画科新校舍于徐家汇路，十二月，改中国画科为中国画系，十三年，改造师范部校舍，改高等师范科为艺术教育系，同时开办雕塑系。十四年十月，建存天院为西洋画教室，并于第二层楼设存天阁，陈列古物名画，是时雕塑系无学生，停办。十九年开学时，有中国画系、西洋画系、艺术教育系、音乐系四系，学生五百人。

（五）国立北平大学艺术学院——民国七年，教育部始设北京美术学校于北京西城，设绘画、图案两科，以郑锦为校长。九年，设专门部之图画、手工师范科。十一年，改称北京美术专门学校，设国画、西画、图案三系，并图画手工师范系。十四年，刘哲、陈延龄相继长校。十五年二月，又改名国立艺术专门学校，增设音乐、戏剧两系，以林风眠为校长。十六年十月，风眠辞职。十七年，编入国立北平大学，名艺术学院，以徐悲鸿为院长，旋即辞职，以北平大学副校长李书华兼院长，恢复音乐、戏剧二系，增设建筑系，改图案系为实用美术系，合国画、西画两系，共成立六系，男、女学生三百五十名。十八年八月，教育部令改为北京艺术专科学校，因校中延未改组，部令自十九年度起，停止招生，逐渐结束；在结束期间，暂用旧名，隶属国立北平大学云。

（寅）国立杭州艺术专科学校——民国十七年三月，大学院设艺术院于杭州，得浙江省政府的许可，以西湖滨之罗苑为校舍，不足，附加以照胆台，三贤祠，苏、白二公祠等。以林风眠为院长，设中国画、西洋画、雕塑、图案四系，而外国语用法文。秋，合并中国画、西洋画为绘画系。其所用标语为：

介绍西洋艺术；
整理中国艺术；
调和中西艺术，
创造时代艺术。

甚合吾国现代艺术教育之旨趣。十八年十月，奉教育部令，改为美术专科学校。开学时，学生不过六十人，现已增至二百二十六人。开学时，校中设有研究班，为本校教员及已在美术学校毕业而更求深造者的共同研究的机关，近因与专科学校规程不合，殆将停办。又兹校自十八年度起，规定无论何系学生，第一年均习木炭画，即预备于绘画科中专习中国画者，亦从木炭画入手，为将来改进中国画之基础云。印有《亚波罗》月刊。

（卯）国立中央大学教育学院的艺术教育科及艺术专修科——艺术教育科分国画、西洋画、手工、音乐四组，均四年毕业。艺术专修科分图画、工艺、音乐三组，为培养中等学校师资而设，三年毕业。本科以李祖鸿为主任，以吕濬、徐悲鸿、唐学泳等为副教授。

（辰）中国画学研究会——此会为民国七八年间，周肇祥、陈衡恪、金绍城等所发起，九年成立，设在北京达子庙欧美同学会。会员三十余人，分人物、山水、花鸟、界画四门。其教授，以精研古法、博择新知为主旨。研究员，不分男女，以能画及经有正当职业之人介绍，以作品送会审查，认为可以造就者为合格；五年期满，成绩优良者，给证书，升充助教。十一年，迁会所于中央公园。现任会长周肇祥，北京画界前辈，多任评议员。有研究员二百余人。研究员升充助教者二十余人。其研究毕业而在各学校充教员、导师及组织美术团体者颇多。曾开成绩展览会七次。发行《艺苑》旬刊。

（巳）艺苑的绘画研究所——十七年十月十日，江小鹈、张辰伯、朱屺瞻、王济远等，设绘画研究所于上海林荫路之艺苑。他所发表的旨趣是："增进艺术旨趣，提高研究精神，发扬固有文化，培养专门人才。"科目先设西洋画，分油画、水彩画、素描三科，人数以三十人为限。（1）研究员十五人，容纳一般画家自由制作。（2）研究生十五人，对于绘画有深切之嗜好者，共同习作。

（乙）博物院　最近期间，各地方多有古物保存所之设立，使古代美术，不致散失，且可备参观者欣赏，但规模均小。其内容较为丰富的，是北平的古物陈列所与故宫博物院。

（子）古物陈列所——成立于民国初年，设于乾清门外之太和、中和、保和及文华、武英等殿，以奉天、热河两行宫之物品充之，书画占最多数，更番陈列，其他磁、漆、金、玉之器，亦为外间所寡有的。

（丑）故宫博物院——成立于十四年十月，设于乾清门内各宫殿。分中、东、西三路：中路有乾清宫、交泰殿、坤宁宫，再后为御花园，亭台楼阁甚多。东路为景仁、承乾、钟粹、延禧、永和、景阳六宫，其南为毓庆宫及斋宫，红墙外有奉先殿，东北有玄穹宝殿及库房等。西路有永寿、翌坤、储秀、启祥、长春、咸福六宫，其南为养心殿。西六宫之北为重华宫，西为建福宫。建福宫南为抚辰殿、延庆殿。再南为雨花阁。雨花阁后为西花园。红墙外，东面为外东路，有宁寿宫，其西北角有山石园林之胜。西面为外西路，有寿安、寿康、慈宁等宫殿，再南有慈宁花园，故宫的建筑及园林，均有美术的价值，昔为清皇室所占有，自十四年后，次第开放，公诸民众。

至于宫中的物品，除书籍及档册外，美术品甚多：

（天）书画　书画之大多数，存于斋宫及钟粹宫两处，共八千余件，多为唐、宋、元、明真迹，其他散于各殿庭者亦不少。中如王羲之快雪时晴，怀素自叙，过庭书谱，吴道子画像，宋徽宗听琴图，郎世宁百骏图等，皆其特出之件。

（地）陶瓷　陶瓷当以景阳宫及景祺阁两处之收藏品为最精。中国古代名窑之瓷，应有尽有，数约六千余件。清瓷如所谓古月轩者，存于乾清宫东廊；库房及养心殿，亦有数百件。此外，各宫收藏及陈列之陶器，不下数十万件。新瓷及日用之官窑，尚未计及焉。

（玄）铜器　古铜器为散氏盘，新莽嘉量，均为世间不可多见之物，此外，商、周彝鼎，著名者数百件。余如汤若望、南怀仁等所制之仪器，多有存者。

（黄）玉器　玉器中，以宁寿宫、乐寿堂中寿山福海及镂刻大禹治河图之白玉山，乾清宫之大玉缸及玉马为巨制。其他小件，或以润泽胜，或以镂刻见长，数亦以万计。

余如琥珀、玛瑙、珊瑚及各种宝石、象牙之匜洗壶尊，间有质薄如纸，外有镂空玲珑花鸟者，或有用整料镂分十数层者。此外，番经番佛；尤无量数。古砚、笔、墨、缂丝及景泰蓝幛等，亦多精品，且有宋、元之物。印有《故宫月刊》。

（丙）展览会　美术学校与研究所均为培养美术家而设，本没有直接普及民众之目的。较易普及的，是展览会，北京自美术学校设立后，时有团体与个人的展览会，上海亦然。其规模较大者有二：

（子）艺术大会——是会为北京艺术专门学校校长林风眠等所发起，除造型艺术外，并包有音乐、戏剧，于十六年五月十一日开幕，出品在三千件以上，并有音乐演奏及五五剧社、形艺社及青年俱乐部的演剧，有海灯、糊涂、西洋画会、形艺社、五五剧社、漫画社、四川艺术学社等特刊；而北京各日报，如《晨报》《世界日报》等，均特辟画报，可谓备宣传之盛。至六月三日，始闭幕。

（丑）全国美术展览会——十六年冬，大学院设艺术教育委员会，委以全国美术展览会之筹备。十七年十一月，因大学院已改组为教育部，兹会即隶属于教育部，教育部又别组委员会办理之，会场设上海普育堂，十八年四月十日开会，一个月而毕。所陈列的，第一部，书画，一千二百三十一件；第二部，金石，七十五件；第三部，西画，三百五十四件；第四部，雕塑，五十七件；第五部，建筑，三十四件；第六部，工艺美术，二百八十八件；第七部，美术摄影，二百七十七件。又有日本美术家出品八十件。每日并有收藏家分别借陈之书画。于开会时出《美展》三日刊，会毕后，有正书局印有《美展》特刊，分古、今两册。此次展览，每一人之作品，在每部中，以五件为限，故陈列品之数止于此。而其中以国粹的书画占过半数。又以我国尚未有美术馆以陈列古代作品，故乘此机会而为一部分的展览，正是过渡时代的现象。

此次展览会中，虽有建筑一部，所陈列的，并非都是创作，其中创作的几种图样，大抵纯粹的欧美式。十余年前，有美国建筑家颇以欧美式建筑，与吾国普通建筑的环境，不可调和，引为遗憾，乃创一种内部用欧式，而外形仍用华式的新式，初试用于南京的金陵大学与金陵女子大学，继又试用于北平的协和医院及燕京大学。最近，则首都铁道部新建筑，亦采用此式。以金陵女子大学为最美观。

（丁）摄影术 摄影术本为科学上致用的工具，而取景传神，参以美术家意匠者，乃与图画相等。欧洲此风渐盛，我国亦有可记者：

（子）光社——设于北平，十二年，陈万里、黄振玉等所发起，初名艺术写真研究会。十三年，改名光社，吴郁周、钱景华、刘半农等均为重要分子，每年在中央公园董事会开展览会，观众在万人以上。十六年出年鉴第一集，十七年出年鉴第二集。

（丑）华社——设上海，成立于十六年，曾开展览会数次，印刷品有社员《郎静山摄影集》。

（寅）摄影杂志——上海天鹏艺术会印有《天鹏摄影杂志》。

（戊）美术品印本

（子）书画摹印——摹印古代书画，始于邓实的神州国光社，文明书局及有正书局继之，其后，商务印书馆与中华书局都有这种印本，并于碑帖画册以外，兼及屏联堂幅，于是向来有力者收藏之品，得以普及于民众。其专印新式图画及雕刻的，有李金发所编的《美育》杂志，已出至第三期。

（丑）图画期刊——以图画为主，文字为副，定期刊行的，始于良友图书公司之《良友》，自十五年起，现已出至四十余册。继之而起的，有《文华》与《时代画报》等。又日报中，有《时报》者，每日均有《图画时报》。

二、音乐

（甲）音乐学校 民国十六年十月，大学院始设国立音乐院，以蔡元培为院长，萧友梅为教务长。十八年七月，教育部修改大学组织法，改组音乐院为音乐专科学校，以萧友梅为校长。校中设预科、本科，并附设师范科。本科分理论作曲、钢琴、提琴及声乐四组，初学各生入学后，第一年内不分组。又有选科，专为对于音乐曾有研究、欲继续专攻一门者而设。

（乙）传习所 当音乐院未成立以前，民国八年，北京大学学生设有音乐研究会，由大学延请导师，指导各项乐器的练习。十一年秋，改办音乐传习所，先设师范科。十五年夏，第一班学生毕业者十二人。十六年，刘哲长教育部，传习所停办。

九年，北京女子高等师范学校设音乐科，以萧友梅为主任。十三年，第一班学生毕业。是校改名女子师范大学，复招第二班音乐科学生，十八年毕业。

（丙）国乐训练

北平国乐改进社，为刘天华等所设立。

上海大同乐会，成立于民国八年，为郑觐文所创设，自制古乐器，已有八十种，考定而待制者，尚有六十余种。取古代著名乐曲，如霓裳六幺等，详细探讨，实施演奏。又改编饶歌大予等乐曲，为国民大乐十二章，已熟练者五章：一曰《大中华》，二曰《神州气象》，三曰《一统山河》，四曰《锦绣乾坤》，五曰《风云际会》。其所养成之会员百余人，以习古琴、琵琶者为最多云。

（丁）演奏会　十二年，萧友梅召集前海关管弦乐队之一部，加以训练，在北京大学及其他各校先后演奏管弦乐，凡四十次，颇受北京人之欢迎。

上海自音乐院成立以来，曾举行教员演奏大会二次，学生演奏会七次，本年，又由一部分教员组织细乐演奏会，每月举行一次。

（戊）音乐杂志　九年一月，北京大学之音乐研究会编印《音乐杂志》，十一年停办。十七年一月，国乐改进社又编印《音乐杂志》。十九年，音乐专科学校编印《乐艺》季刊。

三、文学

（甲）新文学概况　文学革命的风潮，托始于《新青年》。在二十五年前，曾有一时期，各省均办白话报，以林獬（后改名林万里）、陈敬第等所主持之杭州《白话报》为最著，然当时不过以白话为通俗教育的工具，并不认为文学。自《新青年》时代，胡适、陈独秀、钱玄同、周作人等，始排斥文言的文学，而以白话文为正宗的文学，其中尤以胡适为最猛进，作《白话文学史》，以证明白话的声价，于是白话散文，遂取向日所谓古文者而代之。至于白话诗与剧本，虽亦有创作与翻译的尝试，但未到成熟时期，于社会尚无何等显著的影响。最热闹的是小说。第一，是旧小说的表彰：如《水浒》《红楼梦》《儒林外史》等，都有人加以新式评点，或考定版本源流。唐以后的短篇，宋以后的平话，或汇成丛刻，或重印孤本，都有销行的价值。第二，是外国小说的翻译：林纾与魏易等合译小说，是二十五年以前的事，不过取其新奇可喜而已。最近几年，译本的数量激增，其中有关系之作，自然不少，如《少年维特之烦恼》《工人绥惠略夫》等，影响于青年之心理颇大。第三，是文学家的创作：此时期中，以创作自命者颇多。举其最著者，鲁迅（周树人）的《呐喊》《彷徨》等集，以抨击旧社会劣点为目的，而文笔的尖刻，足以副之，故最受欢迎。而矛（茅）盾（沈雁冰）的《动摇》《追求》《幻灭》，亦颇轰动一时。新进作家最有希望的沈从文著有《蜜柑集》等，也是被人传诵的。

（乙）文学的期刊 最近十年，发行的文学期刊甚多，有目的不在文学而专为一种主义之宣传的，往往不久即停。今举纯粹文学的，而且印行较久的如左：

（子）《小说月报》——为文学研究会郑振铎、沈雁冰、叶绍钧等所主编，郑振铎曾编有《世界文学大纲》，材料丰富，编制谨严，可为空前之作，绝非投机哗众者所能为。所以《小说月报》的文学，宁受平庸之诮，不致有偏宕之火。

（丑）《语丝》——为周树人、周作人兄弟等所主编。一方面，小品文以清俊胜；一方面，讽刺文以犀利胜。

（寅）《真美善》——为曾孟朴、虚白父子所主编。陆续发表影射清季时事的《孽海花》长篇小说并其他创作，尤致力于介绍法国文学。创刊号有《编者的一点小意见》一篇中有几节说：“在文学上什么叫作真？就是文学的体质，就是文学里一个作品所以形成的事实或情绪。作者把自己选采的事实或情绪，不问是现实的，是想象的，描写得来恰如分际，不模仿，不矫饰，不扩大，如实地写出来，叫读者同化在她想象的境界里，忘了是文学的表现，这就是真。什么叫作美？就是文学的组织，……就是一个作品里全体的布局和章法、句法、字法。作者把这些通盘筹计了，拿技巧的方法，来排列配合得整齐紧凑，……自然地显现出精神兴趣、色彩和印感，能激动读者的心，怡悦读者的目，就丢了书本，影像上还留着醰醰余味，这就是美。什么叫作善？就是文学的目的，……就是一个作品的原动力，就是作品的主旨，也就是她的作用。凡作品的产生，没有无因而至的，没有无病而呻的，或为宣传学说，或为解决问题，或为发抒情感，或为纠正谬误，形形色色，万有不同，但综合诸说，总希望作品发生作用，不论政治上，社会上，道德上，学问上，发生变动的影响，这才算达到文学作品最高的目的……不超越求真理的界限，这就是善。”对于文学上真、美、善三方面的观察，甚为正确。此杂志现已出至第五卷，对于自己所悬的标准，能久而不渝，是很难得的。

（卯）《新月》——为徐志摩、梁实秋、叶公超、潘光旦、闻一多、饶孟侃等所编。第一期发表了一篇《新月的态度》，有一节说：“我们不妨把思想（广义的，现代刊物的内容的一个简称）比作一个市场，我们来看看现代我们这市场上看得见的，是些什么？……把它们列举起来：一、感伤派；二、颓废派；三、唯美派；四、功利派；五、训世派；六、攻击派；七、偏激派；八、纤巧派；九、淫秽派；十、狂热派；十一、稗贩派，十二、标语派；十三、主义派。商业上有自由，不错，思想上、言论上更应得有充分的自由，不错；但得在相当的条件下，最主要的两个条件，是：（1）不妨害健康的原则；（2）不折辱尊严的原则。”又说：“生命是一切理想的根源，它那无限而有规则的创造性，给我们在心灵的活动上一个强大的灵感。它不仅暗示我们，逼迫我们，永远往创造的生命的方向走，它并且启示给我们的想象，物体的死，只是生的一个节目，不是结束，它的威吓，只是一个谎骗。我们最高的努力的目标，是与生命本体同绵延的，是超越死线的，是与天外的群星相感召的。为此，虽则生命的势力有时不免比较的消歇，到了相当的时候，人们不能不醒起。我们不能不醒起，不能不奋争，尤其在人生的尊严与健康横受凌辱与侵袭的时日！”《新月》的发行逾一年了，它确有思想上、言论上的自由，而且确能守着不妨害健康、不拆（折）辱尊严的两个条件，这是可以公认的。

四、演剧

演剧的改良，发起于留日学生陆镜若、吴我尊、李道衡、李叔同等的春柳社，以提倡白话剧为主，译日本剧《不如归》，自编《社会钟》《家庭恩怨记》等剧。民国二年，始在上海贸得利戏院公演。四年，陆镜若病故，社遂解散。社员欧阳予倩本兼习旧剧，因从改良旧剧上着手。民国八年，应张謇之招，在南通设伶工学社，招小学毕业的学生，分戏剧、音乐两班教授，历六年，曾在新式剧场演过。予倩近又往广东，办理戏剧研究所。

十余年前，北京梅兰芳、齐如山等病京腔词句村俗，乃新编《天女散花》《嫦娥奔月》诸剧。如山作曲，兰芳演剧，一时颇博得好评。近更由刘天华为作梅兰芳戏曲谱，以五线谱与管色字谱并列。这也是一种改良旧剧的工作。

春柳社解散以后，白话剧仍有人续演，称为文明戏，多浅薄。较为深造的，北京有陈大悲，上海有洪深、田汉，山东有赵太侔，均曾在外国研究戏剧。汉组织南国剧社，成绩显著。太侔组织实验剧院，亦已成立。

五、影戏

影戏本为教育上最简便的工具，但中国自编的影戏，为数寥寥，且多为迎合浅人的心理而作。输入的西洋影片，亦多偏于刺激的。他们的好影响，远不及恶影响的多。

六、留声机与无线电播音机

留声机传唱本国与外国的歌唱，流行甚广。无线电播音机，可以不出门而选听远地的乐歌，亦渐渐流行。

七、公园

美育的基础，立在学校；而美育的推行，归宿于都市的美化。我国有力者向来致力于大门以内的修饰，庭园花石，虽或穷极奢侈，而门以外，无论如何秽恶，均所不顾。首都大市，虽有建设的计划，一时均未能实现；未有计划的，更无从说起。我们所认为都市美化的一部分，只有公园了。各地方的公园，不能列举，现举旧都及新都较为著名的公园以见例。

（甲）属于旧都北平的

（子）中山公园——旧为社授坛，在端门右侧。民国三年十月十日始开放，以三日为期。嗣经市民请求，四年一月，内务部公布公园开放章程，由市民集资经营，即由捐资的市民组织董事会（管）理之，增建房屋八百九十余间，增植花木万二千余株，定名中央公园。十七年，北平特别市政府核定新章，改名中山公园，受市政府管辖，由市政府特派委员二人，本园董事内公推委员三十人，改组委员会，管理园务云。

（丑）北海公园——民国五年以后，市民屡请开放北海，不果。十七年八月，始实行开放。十一月，由捐资市民九十余人组织北海公园董事会。九月，受北平特别市政府管辖，由市政府特派委员二人，及全体董事中公推委员三十人，改组委员会管理之。修治山路，增建房屋，添植花木，设公共体育场及儿童体育场各一所，置游船、游车、冰床等，并招商承办中、西餐、茶点、糖果、球房、照相、古玩、书画各项营业，游人便之。

（乙）属于首都的

（子）第一公园——园在复成桥东，旧为秀山公园，用以纪念李纯。兴工于民国九年，落成于十二年。十四（六）年九月，民众团体改名为血花公园，以纪念是年龙潭、栖霞间之战死者。十月，奉国民政府指令，定名为第一公园，由南京特别市政府教育局派员管理。其后由公园管理处接受。园中以烈士祠为中心，有花石山、金鱼池、玩月亭、歌舞亭、紫金园、月牙池、紫薇亭诸胜。

（丑）莫愁湖公园——园在水西门外，本为市民夏日赏荷之所。十七年，始辟为公园。有胜旗楼、郁金堂诸胜。

（寅）五洲公园——园以后湖及湖上各洲组织之，成立于十七年。改旧日的菱洲为澳洲，芷洲为非洲，长洲为亚洲，新洲为欧洲，老洲为美洲。开通道路，点缀风景，有景行楼、赏荷厅、湖心亭、铜钩井、梅岭诸胜。

右列诸端，对于美育的设施，殆可谓应有尽有。然较之欧洲各国，论量论质，都觉得我们实在太幼稚了。急起直追，是所望于同志。

（选自《二十五年来中国之美育》）

美育与人生

蔡元培

人的一生，不外乎意志的活动，而意志是盲目的，其所恃以为较近之观照者，是知识；所以供远照、旁照之用者，是感情。

意志之表现为行为。行为之中，以一己的卫生而免死、趋利而避害者为最普通；此种行为，仅仅普通的知识，就可以指导了。进一步地，以众人的生及众人的利为目的，而一己的生与利即托于其中。此种行为，一方面由于知识上的计较，知道众人皆死而一己不能独生；众人皆害而一己不能独利。又一方面，则亦受感情的推动，不忍独生以坐视众人的死，不忍专利以坐视众人的害。更进一步，于必要时，愿舍一己的生以救众人的死；愿舍一己的利以去众人的害，把人我的分别，一己生死利害的关系，统统忘掉了。这种伟大而高尚的行为，是完全发动于感情的。

人人都有感情，而并非都有伟大而高尚的行为，这由于感情推动力的薄弱。要转弱而为强，转薄而为厚，有待于陶养。陶养的工具，为美的对象，陶养的作用，叫作美育。

美的对象，何以能陶养感情？因为它有两种特性：一是普遍；二是超脱。一瓢之水，一人饮了，他人就没得分润；容足之地，一人占了，他人就没得并立；这种物质上不相入的成例，是助长人我的区别、自私自利的计较的。转而观美的对象，就大不相同。凡味觉、嗅觉、肤觉之含有质的关系者，均不以美论；而美感的发动，乃以摄影及音波辗转传达之视觉与听觉为限。所以纯然有“天下为公”之概；名山大川，人人得而游览；夕阳明月，人人得而赏玩；公园的造像，美术馆的图画，人人得而畅观。齐宣王称“独乐乐不若与人乐乐”“与少乐乐不若与众乐乐”；陶渊明称“奇文共欣赏”，这都是美的普遍性的证明。

植物的花，不过为果实的准备；而梅、杏、桃、李之属，诗人所咏叹的，以花为多。专供赏玩之花，且有因人的作用，而不能结果的。动物的毛羽，所以御寒，人固有制裘、织呢的习惯；然白鹭之羽，孔雀之尾，乃专以供装饰。宫室可以避风雨就好了，何以要雕刻与彩画？器具可以应用就好了，何以要图案？语言可以达意就好了，何以要特制音调的诗歌？可以证明美的作用，是超越乎利用的范围的。

既有普遍性以打破人我的成见，又有超脱性以透出利害的关系，所以当着重要关头，有“富贵不能淫，贫贱不能移，威武不能屈”的气概；甚且有“杀身以成仁”而不“求生以害仁”的勇敢；这种是完全不由于知识的计较，而由于感情的陶养，就是不源于智育，而源于美育。

所以吾人固不可不有一种普通职业，以应利用厚生的需要；而于工作的余暇，又不可不读文学，听音乐，参观美术馆，以谋知识与感情的调和，这样，才算是认识人生的价值了。

（选自《美育与人生》）

文化运动不要忘了美育

蔡元培

现在文化运动已经由欧美各国传到中国了。解放呵！创造呵！新思潮呵！新生活呵！在各种周报日报上，已经数见不鲜了，但文化不是简单，是复杂的。运动不是空谈，是要实行的。要透彻复杂的真相，应研究科学。要鼓励实行的兴会，应利用美术。科学的教育在中国可算有萌芽了。美术的教育，除了小学校中机械性的音乐图画以外，简截可说是没有。

不是用美术的教育，提起一种超越利害的兴趣，融合一种画分人我的僻见，保持一种永久平和的心境；单单凭那个性的冲动，环境的刺激，投入文化运动的潮流恐不免有下列三种的流弊：（一）看得很明白，责备他人也很周密，但是到了自己实行的机会，给小小的利害绊住，不能不牺牲主义。（二）借了很好的主义作护身符，放纵卑劣的欲望，到劣迹败露了，叫反对党把他的污点，影射到神圣主义上，增了发展的阻力。（三）想用简单的方法，短少的时间，达他的极端的主义，经了几次挫折，就觉得没有希望，发起厌世观，甚且自杀。这三种流弊，不是渐渐发见了么？一般自号觉醒的人，还能不注意么？

文化进步的国民，既然实施科学教育，尤要普及美术教育。专门练习的，既有美术学校、音乐学校、美术工艺学校、优伶学校等，大学校又设有文学、美学、美术史、乐理等讲座与研究所。普及社会的，有公开的美术馆或博物院，中间陈列品，或由私人捐赠，或用公款购置，都是非常珍贵的。有临时的展览会，有音乐会，有国立或公立的剧院，或演歌舞剧，或演科白剧，都是由著名的文学家音乐家编制的。演剧的人，多是受过专门教育，有理想有责任心的。市中大道，不但分行植树，并且间以花畦，逐次移植应时的花。几条大道的交叉点，必设广场，有大树，有喷泉，有花坛，有雕刻品，小的市镇，总有一个公园。大都会的公园，不止一处，又保存自然的林木，加以点缀，作为最自由的公园。一切公私的建筑，陈列器具，书肆与画肆的印刷品，各方面的广告，都是从美术家的意匠构成。所以不论哪一种人，都时时刻刻有接触美术的机会。我们现在除文字界，稍微有点新机外，别的还有什么？书画，是我们的国粹，都是模仿古人的。古人的书画，是有钱的收藏了，作为奢侈品不是给人人共见的。建筑雕刻，没有人研究。在嚣杂的剧院中，演那简单的音乐，卑鄙的戏曲。在市街上散步，止见飞扬尘土，横冲直撞的车马，商铺门上贴着无聊的春联，地摊上出售那恶俗的花纸。在这种环境中讨生活，什么能引起活泼高尚的感情呢？所以我很望致力文化运动诸君，不要忘了美育。

（选自《文化运动不要忘了美育》）

美育方针与美育的实施

聂振斌

1912 年，蔡元培在教育总长任上，大刀阔斧地进行教育改革，创设新式教育体制，制定新式教育方针，在中国现代教育史上第一次把美育确立为国家教育方针，提出“世界观与美育主义”之宗旨。他的美育思想直接贯彻于教育实践，并成为政府行为，产生深刻而广泛的社会影响。

1917 至 1927 年，蔡元培任北京大学校长。在教育实践中，全面贯彻他的新式教育方针，并领导新文化运动，借新文化运动之声势，大力推进美育的实施。1920 年，他在《普通教育与职业教育》一文中，把新式教育方针精练地归纳为体智德美全面发展的方针，认为“这四育是一样重要，不可放松一项的”，其宗旨是“养成健全的人格”，“发展共和的精神”。在四字方针中，没有“世界观”教育。因为世界观教育，实际上就是理想、信仰教育，而理想、信仰教育，不能靠空洞的说教和抽象的论证，而要通过美感直观才能达到目的，所以“世界观”教育，可以包含在美育之中。他说：“虽然，世界观教育，非可以旦旦而聒之也。且其与现象世界之关系，又非可以枯槁单简之言说袭而取之也。然则何道之由？曰，由美感之教育。”所以，蔡元培最早提出的“五育”教育方针，到 20 世纪 20 年代，又精简为体智德美“四字”方针。

1927 至 1929 年，蔡元培再次担任国家教育行政的最高领导，继续推行教育改革，不断地充实、完善新式教育体制。在新的形势下，他提出教育要劳动化、科学化、艺术化。艺术教育，仍然是他办教育的重要话题。1927 年 12 月，蔡元培主持大学院（主管全国教育学术的政府机构）工作，向大学院艺术教育委员会提出《创办国立艺术大学之提案》，并在第一次会议上通过。1928 年，始设艺术院于杭州，蔡元培兼任院长。这是中国现代第一所艺术大学，即今浙江美术学院。

蔡元培从民国政府成立到 1940 年逝世，他多次担任国家文化教育行政的最高领导者，制定教育方针，进行新式教育体制的创设，同时把他的美学思想付诸教育实践。他十分关心新式教育中美育的实施，制定美育方针，传播美育思想，推动美育实践，取得了显著的社会效果，做出了卓越的历史贡献。

第一，通过政府行为，普遍实施美育。蔡元培作为民国政府第一任教育总长，开创新式教育、实施美育是其重要方面。他制定新的教育方针后，便雷厉风行地改革、整顿全国的学校教育，建立了新式教育体制和新的规章制度、课程设置等，并且经过半年的准备、筹划，召开了全国教育会议，使新式教育方针、体制得到普遍贯彻、实施。全国教育会议之后，以教育部的名义陆续公布了《小学校令》《中学校令》《师范教育令》和《大学令》，对美育方针也作出了政策性说明，规定了各级学校艺术课程的具体内容，明确了艺术教育在学校教育中的地位。中小学设置音乐（或唱歌）、美术（或图画）、手工课程，这种教学模式，影响至今。

第二，蔡元培在任北大校长期间，便以北大为基地，组建文学、书法、绘画、音乐等各种美育学术研究会，聘请教师讲授、指导，学生自愿参加，定期开展美育活动，极大地激发了师生的学术热情和“读书救国”精神。1921 年，蔡元培率先在北大开设美学课。设课而无美学教师，蔡校长便亲自授课，编写教材。蔡元培在北大首创群众性的美育学术团体，创办艺术刊物，开设美学课。这些都为全国高校和艺术专门学校树立了学习的榜样，影响是广泛的。

第三，倡议、支持、创办各种艺术学校。中国古代的专门艺术教育方式是师徒口耳传授，是手工作坊式的，没有普遍适用的组织机构（学校）和知识理论（讲义、教科书）。改变这种旧方式而建立新式的艺术学校，是新式教育实施过程中的一种新事物。中国最早建立的艺术学校，是1912年11月由刘海粟创办的私立学校，成立时叫上海图书美术院，其后更名为上海美术专科学校。蔡元培一直支持刘海粟的工作，1922年著文介绍艺术家刘海粟，大力支持他办画展。1931年，蔡元培还为上海美术专科学校作校歌。公办的艺术学校，是1918年4月由教育部设立的第一国立北京美术学校，蔡元培参加开学典礼并发表演说。蔡元培非常重视音乐的学术研究和音乐教育。如为北京大学音乐研究会延请导师，指导民族乐器的练习。后来，改为音乐传习所，并设立师范科，招收学生。刘天华等人设立北平国乐改进社，并开展活动，也是得到蔡元培的支持。1919年，郑觐文在上海创办大同乐会，并且自制古乐器，改编古乐曲，实施演奏。蔡元培在大同乐会《乐器图说》序中说："夫今之乐诚异于古之乐，而古之乐器未必不适用于今之时。大同乐会第一步工作，即在监造乐器；其第二步工作，当必考订乐谱。不泥于古，独会其通，将来结果，或可使古今乐器同条共贯，鸣奏一堂，以造成雍容华贵之新声。此则国人所最希望者，深愿大同乐会之更负此重大责任焉。"

1928年大学院又设音乐院于上海，蔡元培兼任院长。1929年，教育部改组音乐院为音乐专科学校，萧友梅为校长，编印《乐艺》季刊。借鉴西方的经验，改良中国的戏剧，一直得到蔡元培的重视和支持。他在1931年所写的《二十五年来中国之美育》一文，记下了中国戏剧改良初期所取得的成绩。

总之，蔡元培是管理学术教育的内行专家，并且德高望重，一直是学术教育界公认的领袖。由于他非常重视艺术教育，所以在这一新旧转换时期，现代艺术教育能够受到重视并加以实施，都得到他或直接或间接的领导、参与、支持，贡献是巨大的。

（选自《蔡元培的美育思想及其历史贡献》）

美育的性能及价值

聂振斌

蔡元培曾给美育下过一个定义："美育者，应用美学之理论于教育，以陶养感情为目的者也。"这个定义说明，美育在理论上属于美学，在实践上属于教育，其目的是"陶养感情"，而与知识教育和道德教育具有不同的目标。这个定义似嫌简略，逻辑不够严密，没有指出用什么和怎样"陶养感情"，因而容易引起某种误解——美育似乎就是讲美学理论。其实，讲美学理论主要是提高对美育的认识，掌握美育的知识，这与一般教育没有多大区别，说明不了美育的特殊性能。而美育的主要性能是"陶养感情"；要"陶养感情"必须通过美或艺术的审美实践活动（包括创造和欣赏两个方面）来完成，因为只有美或艺术的创作与欣赏实践活动才能激发或宣泄感情，才有"陶养感情"之谓，这才是美育的独到之处。蔡元培在《美育与人生》一文中指出："人人都有感情，而并非都有伟大而高尚的行为，这由于感情推动力的薄弱。要转弱而为强，转薄而为厚，有待于陶养。陶养的工具，为美的对象；陶养的作用，叫作美育。"把这段话和前面的定义结合起来，才能完整地理解美育的含义。美育，就其主导方面而言，不是抽象的理性活动，而是具体的感性活动。实现美育目的的工具不是抽象的理论、知识，而是具体的美的形象，实现目的的过程不是理性的思维、论辩，而是感性的直观、欣赏活动。所以，美育的完整含义应该包括两个层面：第一，美育是理性（美学理论）与感性（审美活动）相结合相统一的教育；第二，美的对象和审美活动本身也是感性与理性融为一体（即真善美合一）的，因此，对人才能起到教育作用。若是对象和活动只有感性而无理性，必然放任自流，教育从何谈起？

美育为什么能陶养感情？因为美的对象具有“普遍性”和“超脱性”，可以净化感情。他说：“既有普遍性以打破人我之见，又有超脱性以透出利害的关系；所以当着重要关头，有‘富贵不能淫、贫贱不能移、威武不能屈’的气概；甚至有‘杀身以成仁’而‘不求生以害仁’的勇敢；这是完全不由于知识的计较，而由于感情的陶养，就是不源于知育，而源于美育。”蔡元培认为，要养成“舍己为群”的行为习惯，把一己的生死利害观念完全忘掉了，“这种伟大而高尚的行为，是完全发动于感情的”。也就是说，高尚的献身精神，不是来自于知识上的计较，而来自于感情的激发；不是来自于智育，而是来自于美育。他认为，美育是“美感之教育”，而“美感”是自由的，含有无限乐趣。这正是美育的特点，不能离开美育的这一特点而去实施“美育”。美育是在感情的自由活动中实现的，不能机械死板、强求一律，而是通过美感趣味“激情导欲”，自然而然地走向正确的方向。

蔡元培所说的“陶养感情”，就是陶铸情操和涵养感性能力，所谓“陶养”不同于“享乐”“消遣”“游戏”等概念，而含有“教育”“培养”之义。因为享乐、消遣、游戏是一种单纯的情感的宣泄活动，而无理性的正确引导，会使人的情感放任自流，因而是“不正当”的。他一贯反对把艺术—审美活动当成纯粹的个体的享乐和无聊的消遣，从而忘掉社会教育的责任。特别是在国难当头、民族危亡的时代，亟需要通过美育涵养我们的感情，培养同情心，振奋献身精神，使自己成为革命救国的英勇战士。他说：“救国者，艰苦之业也。墨翟生勤而死薄，勾践卧薪而尝胆，范仲淹先天下之忧而忧，后天下之乐而乐。断未有溺情于耳目之娱，侈靡之习，而可言救国者。”他曾严肃批评青年学生中“有为麻雀、扑克或阅恶劣小说等不正当消遣”，批评社会上的“烟酒赌博”等“不正当的娱乐”。因为这类“消遣”“娱乐”是极其有害的，妨害健康，消磨意志，以至于道德堕落。但是如果没有充分的艺术—审美活动以满足人们的精神生活需要，这种有害的活动又是难免的。因为人“过劳则思游息”，人的精神总是要有寄托，不能空虚，这是“情之自然”。他说：“所以吾人急应提倡美育，使人生美化，使人的性灵寄托于美，而将忧患忘却。于学校中可实现者，如音乐、图画、旅行、游戏、演剧等，均可去作，以之代替不好的消遣。但切不要拘泥，只随人意兴所到适情便可……大家看看文学书，唱唱诗歌，也可以悦性怡情……人是感情的动物，感情要好好涵养之，使活泼而得生趣。”

美育的“陶养的工具”即美的对象，是丰富的、多样的。从人生的生活环境来说，有艺术美、形式美、自然美、社会美、人文景观美、文化名胜美，城市有容纳美的各种机构、设施，乡村有田园风光之美；从教育上说，不仅有专门的美育课本和机关，其他学科，如物理化学、地理历史、植物学、矿物学、数学等等，都含有美的因素，都可以成为“陶养的工具”。要之，美育的资源是非常丰富而多样的，是用之不尽享之不竭的精神食粮。关键在于，是否掌握了运用的方法，是否具有运用的能力。美育的“陶养的工具”，主要是艺术，是艺术教育。

美育与艺术教育两个概念可以相互包容，但并不完全相同。美育含义比艺术教育宽泛，它包含艺术教育，并以艺术教育为主要途径；除艺术之外，自然、社会的方方面面，都是审美教育可利用的资源。蔡元培说：“美育的范围，比美术大得多，包括一切音乐、文学、戏院、电影、小小园林的布置，繁华的都市（如上海），幽静的乡村（例如龙华）等等，此外如个人的举动（例如六朝人的尚清谈），社会的组织，学术的团体，山水的利用以及其他种种的社会现状，都是美育。美育是广义的；而美术则意义太狭。”但从教育的角度言，艺术是主要的资源，因为艺术比其他审美对象具有更丰富充实的社会内容和精美的形式，教育作用更强烈。美育的性质、特点和价值意义，可以通过艺术教育典型地表现出来，因而在蔡元培那里，美育与艺术教育常常混用。

实施美育具有重大的意义（价值）：

第一，从教育的角度说，美育是真正“以人为目的”，是现代教育的“骨干”。他说：“美育为近代教育之骨干，美育之实施，直以艺术为教育，培养美的创造及鉴赏的知识，而普及于社会。”艺术教育的“骨干”作用，主要表现在三个方面：一是艺术教育真善美融合一体的教育，是健全人格的综合教育；二是艺术形式（美感形式）各种教育皆可利用，并能收到事半功倍的效果；三是艺术教育同科学教育并驾齐驱，构成现代教育“骨干”的两个必不可少的主要方面。蔡元培说：“教育的方面，虽也很多；它的内容，不外乎科学与美术。”又说：“科学美术，同为新教育之要纲。”蔡元培把教育的内容归结为科学与美术（艺术）两个方面，可见这里的“科学”与“美术”两个概念，已经不是本来的含义。而是用“科学”代表教育的理性方面，用“美术”代表教育的感性方面。感性教育与理性教育并重而不偏废，乃是现代新教育的“要纲”。

第二，从社会人生的更为广阔的角度看，美育也是必不可少的。蔡元培曾写过《美育与人生》一文，阐述美育的意义。尤其在现代社会，人的工作、职业太专，分工太细，会使人的精神生活感到太单调无聊，而精神生活的主要食粮是艺术—审美活动。衣食温饱之后，劳动、工作之余，艺术—审美就显得十分重要，必不可少了。“所以，吾人固不可不有一种普通职业，以应利用厚生的需要，而于工作的余暇，又不可不读文学，听音乐，参观美术馆，以谋知识与感情的调和。这样，才算是认识了人生的价值了。”

（选自《蔡元培的美育思想及其历史贡献》）

实施大学美育的举措

王玉生

蔡元培一生十分注重美育。在美育理论上，他发表了《美育》《美育实施的方法》《以美育代宗教》《二十五年来中国之美育》等美育文章。在美育实践上，他首创了北京大学的音乐、绘画等各种研究会，研究美学，实施美育。他从理论和实践两方面有力地推动了我国美育的快速发展。因此，蔡元培是我国近现代教育史上很有影响的美育理论家和美育实践家。蔡元培担任北大校长期间，特别注重大学美育的实施，其实施的举措，值得我们认真研究与借鉴。

开设美育课程

为了陶冶大学生的性情，培养其美感，蔡元培着力推行北京大学的美育工作。在他的大力推动下，北大开设了西方戏剧、中国戏曲史、中外美术史、西方美学理论、音乐学等美育课程。蔡元培在北大开设了美学和美术史课程，1921 年 10 月，他亲自讲授美学课，对北大学生进行审美教育。他说："我本来很注意于美育的，北大有美学及美术史教课，除中国美术史由叶浩吾君讲授外，没有人肯讲美学。十年，我讲了十余次，因足疾进医院停止。”蔡元培的授课给学生留下了深刻的印象，他的一位学生蒋复璁回忆道：“我在北大听蔡先生教课，只有两个月。……他教的是美学，声浪不很高，可是很清晰。讲到外国美术的时候，还带图画给我们看，所以我们听得很有味，把第一院的第二教室完全挤满了。第一院只有第二教室大，可坐一两百人，因为那个时候北大讲课，除了选这课的人上课之外，任何人多（都）可以去听，校外去听的就不少，真同巴黎大学一样。第二教室挤的连讲台上都站满了人，于是没有法子，搬到第二院的大讲堂……所可惜的，美学搬到大讲堂不久，蔡先生出国去了，我们的美学没有听完，可是那个时候的盛况宛在目前。”蔡元培的另一位学生曹建回忆道：“先生讲述时态度严肃恳挚，出语简洁明白，深入浅出，段落井然，我把它一句一句记下来，就是一篇圆润无瑕的好文章。不幸的是我们受教不到三个月……使我们不能听完先生这美学全部课程，同时我入正科以后，就再不能得到一位像先生一样美学或艺术学的教师了，深为一生的憾事！”可见，蔡元培运用清晰简洁的语言和生动直观的图画来讲授美学，力争内容美与形式美的统一，深为北大学生喜爱。

设立美育研究会

蔡元培任北京大学校长期间，改组或创设乐理研究会、音乐研究会、画法研究会等各种美育方面的研究会，引导大学生参与其中并研究美育，以加强大学生的美感教育，把他们培养成美感高尚的人才。

1916 年秋，北京大学音乐团成立，旨在陶冶性情，活泼天机，后改名为北京大学音乐会。1918 年 6 月 6 日，北京大学音乐会改名为北京大学乐理研究会，蔡元培亲自为之拟章程，并函聘著名古琴与琵琶演奏家王心葵（王露）来校教授琴瑟等古乐。该会宗旨为“敦重乐教，提倡美育”。研究内容包括音乐学、音乐史、乐器、戏曲，但因初创，先暂以教师之便设琴、瑟、琵琶、笛、昆曲五项。是年12月，该会曾一度改名为音乐讲习会。1919年1月27日，在蔡元培的提议下又将音乐讲习会改组为北京大学音乐研究会。30日，音乐研究会正式成立。该会是一个以学习音乐知识和技艺为主的社团，蔡元培兼任会长。该会宗旨初为“研究音乐，陶冶性情”，次年改为“研究音乐，发展美育”。成立之初设钢琴、提琴、古琴、琵琶、昆曲五组。会员分校内校外两种，凡本校教员及学生有志研究音乐者，皆可入会，校外人入会手续另定。1919年11月11日，蔡元培在北京大学音乐研究会同乐会发表演说词，指出：“音乐为美术之一种，与文化演进，有密切之关系。世界各国，为增进文化计，无不以科学与美术并重。”1920年3月17日，音乐研究会添设唱歌组，聘请纽伦担任教授。为了使音乐研究会富有成效，更好地培养大学生的美感，蔡元培聘请音乐教育家萧友梅来主持。1922年10月，蔡元培接受萧友梅的建议，停办北京大学音乐研究会，成立北京大学附设音乐传习所，蔡元培兼任该所所长，萧友梅为教务主任。该所“以养成乐学人才为宗旨，一面传习西洋音乐（包括理论与技术）；一面保存中国古乐，发扬而光大之”。

1917年12月，蔡元培发起组织北京大学画法研究会，亲任会长。该会是蔡元培亲自组织筹备并领导的学生业余美术社团。1918年2月1日，画法研究会召开第一次会议，公举狄福鼎、陈邦济为临时干事。3日，画法研究会两位干事拟定简章草案九条及画法分类草目一纸。4日，画法研究会干事将简章草案及画法分类草目送呈蔡元培审核，蔡元培认为简章所定大略近是，为完善计，即修函致画家陈师曾，请其协助审查。陈师曾大致认可简章草案，建议导师必须多延数人。遵照陈师曾的建议，蔡元培聘请了北大教师李毅士、钱稻孙、贝季美、冯汉叔和校外名家陈师曾、贺履之、汤定之、徐悲鸿等先生为指导教师。2月22日，画法研究会正式成立，其宗旨为“研究画法，发展美育”。画法研究会起初分中国画部和外国画部，中国画部设有山水、花卉、人物三科；外国画部分为铅笔画、水彩画二科。4 月 15 日，蔡元培发表了《北京大学画法研究会旨趣书》，指出：“科学、美术，同为新教育之要纲，而大学设科，偏重学理，势不能编入具体之技术，以侵专门美术学校之范围。然使性之所近，而无实际练习之机会，则甚违提倡美育之本意。于是由教员与学生各以所嗜特别组织之，为文学会、音乐会、书法研究会等，既次第成立矣。而画法研究会，因亦继是而发起。”他希望：“庶数年以后，成绩斐然，不负今日组织斯会之本意，与诸导师热心提倡之盛意焉。”他亲自过问画法研究会的资金、场地等具体事务，并经常将校长办公室作为该会活动场所。他多次参加该会每学期的始业式、休业式并发表演说。6 月 29 日，《北京大学日刊》发表《画法研究会全体会员感谢校长及诸位导师文》，说：“吾校长蔡先生具中外之卓识，按古今之原理，以为非此不足以开国光而画精奥，随在本校发起一画法研究会，使诸同学各就所知入会研究，于是请导师。筹经费，购买中西名画若干种以为模仿练习之具。匪独此也，又欲商之海内收藏家，将所藏古今名迹以及断稿零帙借陈校中，以便吾人之浏览，兼扩其胸襟眼界，萃全国之精华，作画苑之借镜，其经营擘画，煞费苦衷，裁成后生，谓无微不至矣。”10 月 22 日，画法研究会举行第二次始业式，蔡元培发表了演说词，提出了两点希望：其一是多做实物写生；其二是持之以恒。11 月 9 日，蔡元培与冯汉叔、狄福鼎、陈邦济等十人，在会所开会讨论，拟定了《北京大学画法研究会募集基本金条例》，旨在通过募集基金来筹集画法研究会经费，保障其正常运行。1919 年 10 月 11 日，他在北京大学画法研究会秋季始业式上发表了演说，高度概括了他组织画法研究会的宗旨：“吾颇注意于新旧画法之调和，中西画理之沟通，博综究精，以发挥美育。”可见，蔡元培是北京大学画法研究会的组织者、策划者和推动者。在其有效的组织、策划和推动下，该会的“成绩在吾校各种集会中，为比较的佳良者”。

1935 年 6 月 5 日，蔡元培在大夏大学学生自治会发表演说时，仍然津津乐道自己发起的各种美育方面的研究会。他说：“前十七八年，我长北京大学时，北京还没有一个艺术学校，全国还没有一个音乐学校，所以我在北大内发起音乐研究会、书画研究会，使学生有自由选习的机会。现在艺术的空气已弥漫全国，上海一市，音乐艺术的人才尤为众多……”良好艺术氛围的形成，众多音乐艺术人才的培养，都与蔡元培的提倡与支持密不可分。

开展美育活动

蔡元培希望各种美育方面的研究会，“除规定课程外，每星期要有一次音乐演奏会与美术展览会，以引起同学审美的兴味”。这就要求大学必须经常开展各种美育活动，在活动中引起大学生的审美兴趣，提高他们的审美能力，培养他们的美感。

北京大学音乐研究会与附设音乐传习所经常举办各种音乐会活动，主要有学生演奏会、导师演奏会、同乐会、小型师生音乐会等。蔡元培非常关心和支持各种音乐会活动，每有演出，他或亲自组织或出席聆听。1998 年 4 月 19 日，北京大学音乐研究会举行音乐演奏大会，这是会员们举行的第一场音乐会。4 月 20 日的《晨报》称：昨晚的北大音乐会由蔡元培校长亲自主持，出席者千人以上，“演奏之次序，系以古今中外之乐相间而作（如古琴、钢琴、提琴、琵琶、洞箫等有独奏者有合奏者），并约昆曲专家到场演唱，其余奏乐之人均由中外有名之男女音乐大家担任。十时半闭会，听者皆尽欢而散。……记者以为如此盛会，在北京混浊之社会中可谓得未曾有，倘能时时演奏，不特有益于国民审美之知识，亦可增进其高尚之精神也。”我们从中可以了解音乐研究会当年表演的盛况。5 月 18

日，北京大学邀请王心葵到校演奏古琴，蔡元培到场并致辞。郑天挺回忆说：“一次蔡先生请古琴家王心葵（山东人）在二院大礼堂演奏古琴，同学们除了欣赏乐曲以外，还兴起了发掘古乐器和古乐谱的强烈要求。”1919年11月11日，北京大学音乐研究会举行同乐会，“参加者一千多人，王露先生及外籍音乐家哈门等演奏了中西器乐，深受大家的欢迎”。北京大学附设音乐传习所也经常开展演奏活动，从1922年12月第一次演奏会开始到1923年6月放暑假为止的半年之间，一共开了十次演奏会，平均一个月两次。上述各种音乐会活动，激发了大学生的审美兴趣，增加了其审美知识，提升了其审美能力，达到了以音乐发展美育的效果。

北京大学画法研究会开展了形式多样的审美教育活动，不断发展美育。一是开展讲演活动。画法研究会邀请该会多名导师发表多次讲演。1918年4月8日下午，导师陈师曾应邀讲演《清代之花卉画》。4月19日下午，导师徐悲鸿应邀在北大校长办公室讲演《画之美与艺》。4月24日下午，画法研究会请导师冯汉叔、钱稻孙在理科休息室开会讲演，冯汉叔讲《中国画之大略》，钱稻孙讲《何谓美》。5月14日下午，徐悲鸿又应邀作了题为《中国画改良之方法》的讲演。12月15日上午，陈师曾又应邀作了题为《对于普通教授图画科之意见》的讲演。二是开展谈话活动。1918年4月9日下午，画法研究会请汤定之先生在校长室开谈话会。1919年2月25日下午，画法研究会请该会新聘导师、北京美术学校校长郑锦莅会谈话。谈话后，审阅会员旧有成绩，均加评语。三是开展习画活动。1918年4月30日下午，蔡元培邀集画法研究会导师在该会会所开讨论会，讨论该会今后进行事宜并审定画法研究会5月份会务预算表。按照该预算表，5月5日至11日，第一次习画，星期一发纸，星期六交卷，由干事分送各导师。5月12日至18日，第二次习画，星期六交卷。5月19日至25日，第三次习画，星期六交卷。5月26日至31日，第四次习画，星期六交卷。四是开展参观活动。1918年5月4日，画法研究会举行看牡丹雅集于崇效寺，先期干事分头请与会诸君填写知单。是日下午一时后，导师及校内职教员同学会员先后到者五十余人。5 月 5 日，北京大学画法研究会导师徐悲鸿、贺履之、冯汉叔三人，率领会员 23 人赴文华殿参观所藏书画，上午十时入殿，至下午一时半参观完毕。当天导师与会员对于古画之批评甚多。五是开展展览活动。1919 年元旦，画法研究会派顾颉刚作为代表，携带该会提供的八件作品参加油画家颜文标等人发起筹组的“苏州画赛会”，以陈列该会作品供众人观摩。1 月，画法研究会为筹基金，开本校学生游艺大会一次，借用北京诸大收藏家古画陈列及画法研究会成绩展览。上述各种审美教育活动，极大地激发了大学生的审美兴趣，提升了他们认识美、鉴赏美与创造美的能力。

（选自《蔡元培实施大学美育的举措》）

第　三　辑

大学教育：厉行革新，孕育新北大

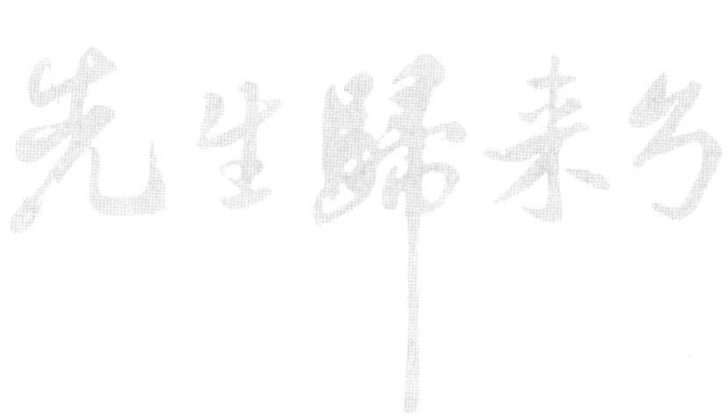

何为大学教育

蔡元培

大学教育者，学生于中学毕业以后，所受更进一级之教育也。其科目为文、理、神学、法、医、药、农、工、商、师范、音乐、美术、陆海军等。前五者自神学以外，为各国大学所公有。唯旧制合文、理为一科，而名为哲学，现今德语诸国，尚仍用之。农、工、商以下各科，多独立而为专门学校，如法国之国立美术专门学校（Ecole Nationale et Speciale des Beaux Arts）之类；亦或谓之高等学校，如德国之理工高等学校（Techniche Hochschnle）之类；或仅称学校，如法国百工学校（Ecole Polytechnique）之类；或单称学院，如法国巴士特学院（L'institut Pasteur）之类。用大学教育之广义，则可以包括之。我国旧仿日本制，于大学以下，有一种专门学校，如农业专门学校、医学专门学校之类。虽程度较低，年限较短，然既为中等学校以上之教育，不妨列诸大学教育之内。唯旧式之高等学校，后改为大学预科，而新制编入高级中学者，则当属于中学之范围，而于大学无关焉。

吾国历史上本有一种大学，通称太学，最早谓之上庠，谓之辟雍，最后谓之国子监。其用意与今之大学相类，有学生、有教官、有学科、有积分之法、有入学资格、有学位，其组织亦颇似今之大学。然最近时期，所谓国子监者，早已有名无实。故吾国今日之大学，乃直取欧洲大学之制而模仿之，并不自古之太学演化而成也。

欧洲大学，在拉丁原名，本为教育与学者之总会（Universitat Magrotrorum et Scholarium），其后演而为知识之总汇（Universitat Litterarum），而此后各国大学即取其总义为名。欧洲最早之大学，为12、13世纪间在意大利、法兰西、西班牙诸国所设者；14世纪以后，盛行于德语诸国，即专设神学、法学、医学、哲学四科者是也。其初注重应用，几以哲学为前三科之预科。及科学与文哲之学各别发展，具有独立资格，遂演化而为文、理两科。然德语诸国，为哲学一科如故也。拿破仑时代，曾以神学、法学、医学为养成教士、法吏、医生之所，因指文理科为养成中学以上教员之所。各国虽不必皆有此种明文，而事实上自然有此趋势。所以各国皆于中学校以外，设师范学校，以养成小学教员；而于大学外，特设高等师范学校，以养成中学教员者，不多见也。法国于革命时，曾解散大学为各种专门学校；但其后又集合之而组为大学，均不设神学科，而另设药科；唯新自德国争回史太师埠之大学，有天主教与耶稣教之神学科各一，为例外耳。法国分全国为十七大学区，大学总长兼该区教育厅长，不特为大学内部之行政长，而一区以内中、小学校及其他一切教育行政，皆受其统辖焉。其保留中古时代教者与学者总会之旧制者，为英国之牛津、剑桥两大学。牛津由二十精舍（College）组成，剑桥由十七精舍组成。每一精舍，均为教员与学生共同生活之所。每一教员为若干学生之导师，示以为学之次第而监督之。学生于求学以外，尤须努力于交际与运动，以为养成绅士资格之训练。

大学教员有教授、额外教授与讲师等，以一定时间，在教室讲授学理。其为实地练习者，有研究所、实验室、病院等。研究所（Seminal或作Tuotitut）大抵为文、法等科而设，备有图书及其他必要之参考品。本为高等学生练习课程之机关，故常有一种课程，由教员指定条目，举出参考书，令学生同时研究，而分期报告，以资讨论。抑或指定名著，分段研讨，与讲义相辅而行。而教员与毕业生之有志研究学术者，亦即在研究所用功。如古物学、历史学、美术史等研究所，间亦附有陈列所，与地质学、生物学等陈列所相等；不但供本校师生之考察，且亦定期公开，以便校外人参观。至于较大之建设，如植物院、动物院、天文台、美术、历史、自然史、民族学等博物院，则恒由国立或市立，而大学师生有特别利用之权。实验室大抵为理科及农、工、医等科而设；然文科之心理学、教育学、美学、言语学等，亦渐渐有实验室之需要。病院为医科而设，一方面为病人施治疗，一方面即为学生实习之所也。此外，则图书馆亦为大学最要之设备。

欧洲各国大学，自牛津、剑桥而外，其中心点皆在智育。对于学生平日之行动，学校不复干涉，亦不为学生设寄宿舍。大学生自经严格的中学教育以后，多能自治，学校不妨放任也。唯中古时代学生组合之遗风，演存于德语诸国者，尚有一种学生会。每一学生会，各有其特别之服装与徽章，遇学校典礼，如开学式、纪念会等，各会之学生，盛装驱车，招摇过市，而集于大学之礼堂，参与仪式焉。平日低年级学生有服役于高级生之义务，时时高会豪饮，又相与练习击剑之术。有时甲会与乙会有睚眦之怨，则相约而斗剑，非赘面流血不止。此等私斗之举，为警章所禁；而政府以其有尚武爱国之寓意，则故放任之，与牛津、剑桥之注意运动者同意也。然大学人数较多者，一部分学生，或以家贫，不能供入会费用；或以思想自由，不愿作无意识举动，则不入中古式之学生会，而有自由学生之号。所组织者，率为研究学术与服务社会之团体。大学生注重体育，为各国通例；美国大学，且有一部分学生，特受军事教育者。不特卫生道德，受其影响，而且为他日捍卫国家之准备。吾国各大学，近年于各种体育设备以外，又有学生军之组织，亦此意也。

大学有给予学位之权。德语诸国，仅有博士一级（Doktor）。学生非研究有得，提出论文，经本科教员认可，而又经过主课一种、副课两种之口试，完全通过者，不能得博士学位，即不能毕业。英语诸国，则有三级：第一学士（Bachelor of Arts）；第二硕士（Master of Arts）；第三博士。法国亦于博士以前有学士（La Licence）一级。大学又得以博士名义赠予世界著名学者，或国际上有特别关系之人物。

大学初设，唯有男生。其后虽间收女生，而入学之资格，学位之授予，均有严格制限。偶有特设女子大学者，程度亦较低。近年男女平权之理论，逐渐推行，女子求入大学者，人数渐多；于是男女同入大学及同得学位之待遇，遂通行于各国。

大学行政自由之程度，各国不同。法国教育权，集中于政府；大学皆国立，校长由政府任命之。英、美各国，大学多私立，经济权操于董事会，校长由董事会延聘之。德国各大学，或国立，或市立，而其行政权集中于大学之评议会。评议会由校长、大学法官、各科学长与一部分教授组成之。校长及学长，由评议会选举，一年一任。凡愿任大学教员者，于毕业大学而得博士学位后，继续研究；提出论文，经专门教授认可后，复在教授会受各有关系学科诸教授之质问，皆通过；又为公开讲演一次，始得为讲师。其后以著作与名誉之增进，值一时机，进而为额外教授，又递进而为教授，纯属大学内部之条件也。

大学以思想自由为原则。在中古时代，大学教科受教会干涉，教员不得以违禁书籍授学生。近代思想自由之公例，既被公认，能完全实现之者，厥唯大学。大学教员所发表之思想，不但不受任何宗教或政党之拘束，亦不受任何著名学者之牵制。苟其确有所见，而言之成理，则虽在一校中，两相反对之学说，不妨同时并行，而一任学生之比较而选择，此大学之所以为大也。大学自然为教授、学生而设，然演讲既深，已成为教员与学生共同研究之机关。所以一种讲义，听者或数百人以至千余人；而别有一种讲义，听者或仅数人。在学术上之价值，初不以是为轩轾也。如讲座及研究所之设备，既已成立，则虽无一学生，而教员自行研究，以其所得，贡献于世界，不必以学生之有无为作辍也。

受大学教育者，亦不必以大学生为限。各国大学均有收旁听生之例，不问预备程度，听其选择自由。又有一种公开讲演，或许校外人与学生同听，或专为校外人而设，务与普通服务之时间不相冲突。此所以谋大学教育之普及也。

（选自《大学教育》）

中国现代大学观念及教育趋向

蔡元培

在古代中国，文明之根一直没有停止过它的生长，尽管关于这方面的历史记载极少。进行高等教育的机构早在两千年前就出现了，那时称之为“太学”。随后，又从这一初步形式，逐步演变为一种称之为“国子监”的教育制度。它包括伦理教育、政治与文学教育。现在看来，这是必然的发展，并且随着这一发展而增设了包括写与算等更多的学科。但增设的这些科目，在钦定的学校课程中，是无足轻重的。数百年来，教育的目的只有一项，即对人们进行实践能力的训练，使他们能承担政府所急需的工作。总之，古代中国只有一种教育形式，因此，其质与量不能估计过高。

晚清时期，东方出现了急剧的变化。为了维护其社会生存，不得不对教育进行变革。当时摆在我们面前的问题，是要仿效欧洲的形式，建立自己的大学。当这些大学建立了起来并有了良好的管理以后，就成为一支具有我们自己传统教学方法的蓬蓬勃勃的令人称誉的力量。初时的大学，也曾设置了与西方大学的神学科相应的独立的经科。这些大学推行的总方针，还是为了要产生一个于政府有用、能尽忠职守的群体。

随着1912年民国的成立，它把政府的控制权移到了民众手中——在大学内部也体现了这种新的精神。最早奏效的改革，是废除经科，从而使大学具备了成立文、理、医、农、工、法、商等科的可能性。作为上述这项方针的结果，一批大学建立了起来，几乎所有这些大学都完全或基本上贯彻了政府关于教育方面的指示。迄今为止，在北京（首都）有国立北京大学，在天津有北洋大学，在太原有山西大学，在南京有国立东南大学，在湖北有武昌大学，以及在首都还有其他一些大学，所有这些大学，皆直属中央政府，经费由中央政府拨给。最近，几所省立大学也相继宣告成立，其他一些则正在筹建之中。直隶的河北大学、沈阳的东北大学、陕西的西北大学、河南的郑州大学、广州的广东大学以及云南的东陆大学，都有了良好的开端。其他各省也都在积极筹建它们本省的大学。一些以办学有方而著称的私立大学，如天津的南开大学和厦门的厦门大学，也是值得一提的。至于那些已获得政府承认的学院，更是不计其数。尽管这些大学所设系、科各不相同，但都有同样的组织形式。它们的目标，不仅在于培养人们的实际工作能力，还在于培养人们在各种知识领域中作进一步深入研究的能力。

下面请允许我以一所具体的大学，即我非常熟悉的国立北京大学的一些情况来对我所谈的加以印证。

众所周知，这所大学由于它的起源及独特的历史而具备较完善的组织系统。根据目前的发展趋势和方向，我们很自然地能预见到未来的发展。但是，这种发展趋势和方向的主要特点究竟是什么呢？对此我想说明如下：也许说明整个问题的最简捷的方法，是回顾一下近几年的改革过程，这些改革对北大的发展是有重大意义的。在 1912 年，曾制订了一项扩充北大所有学科的系科计划，但后来鉴于某些系科，例如医科和农科等，宜于归并到其他一些对此已具有良好设备条件的大学中去，因而放弃了这一计划。在考虑了这些情况以后，北大确认对它最必要的，是设置文、理、工、法等科。就这样，北大以这四科发展到 1916 年，成为教育界有影响的组成部分。接着，为了有利于北洋大学和北京工业专门学校，北大又把工科划了出去，以便与上述两校取得协作。随后，不但在国立北京大学，而且在全国范围都发生了一个巨大的变化，那就是：有着众多系科的旧式“大学”（名副其实的“大”学）体制逐渐衰亡，单科（或少数几科）的大学在更具体的规模上兴起。这个变化的最终结果，现在尚无法预测，但就目前而言，其效果是创立了易受中央和地方政府资助的特殊的大学教育形式。由于这个变化，高等教育机构则可能由几个或仅仅一个系（这里所说的“系”与美国大学的“学院”一词同义）组成。

1920年，北大按旧体制建立的文、理、法科被重新改组为以下五个部：

第一部：数学系，物理系，天文系。

第二部：化学系，地质系，生物系。

第三部：心理系，哲学系，教育系。

第四部：中国语言文学系，英国语言文学系，法国语言文学系，德国语言文学系以及行将设置的其他国家的语言文学系。

第五部：经济系，政治系，法律系，史地系。

其他正在考虑开设的系，将按其性质分别归入以上五个部。

当时之所以有这样的改变，其着眼点乃是现行大学制度急需重新厘定，以便适应国家新的需要。此外，还有如下几点原因：

（一）从理论上讲，某些学科很难按文、理的名称加以明确的划分。要精确地限定任何一门学科的范围，不是一件轻而易举的事。例如，地理就与许多学科有关，可以属于几个系：当它涉及地质矿物学时，可归入理科；当它涉及政治地理学时，又可归入法科。再如生物学，当它涉及化石、动植物的形态结构以及人类的心理状态时，可归入理科；而当我们从神学家的观点来探讨进化论时，则又可把它归入文科。至于对那些研究活动中的事物的科学进行知识范围的划分尤为困难。例如，心理学向来被认为是哲学的一个分支，但是，自从科学家通过实验研究，用自然科学的语言表达了人类心理状况以后，他们又认为心理学应属于理科。摆在我们面前的，还有自然哲学（即物理学）这个专门名词，它可以归入理科；而又由于它的玄学理论，可以归入文科。根据这些情况，我们决定不用“科”这个名称，尽管它在中国曾得到广泛的承认，但我们对这个名称不满意。

（二）就学生方面来说，如果进入一所各科只开设与其他学科完全分开的、只有本科专业课程的大学，那对他的教育将是不利的。因为这样一来，理科学生势必放弃对哲学与文学的爱好，使他们失去了在这方面的造诣机会。结果他的教育将受到机械论的支配。他最终会产生一种错误的认识，认为客观上的社会存在形式是一回事，而主观上的社会存在形式完全是另一回事，两者截然无关。这将导致自私自利的社会或机械社会的发展。而在另一方面，文科学生因为想回避复杂的事物，就变得讨厌学习物理、化学、生物等科学。这样，他们还没有掌握住哲学的一般概念，就失去了基础，抓不住周围事物的本质，只剩下玄而又玄的观念。因此，我们决心打破存在于从事不同知识领域学习的学生之间的障碍。

（三）现在，我们再看看北大的行政组织。当时的组织系统尽管没有什么人对之有异议，但存在着很大的问题。内部的不协调，主要在于三个科，每一科有一名学长，唯有他有权管理本科教务，并且只对校长负责。这种组织形式形同专制政府；随着民主精神的高涨，它必然要被改革掉。这一改革，首先是组织了一个由各个教授、讲师联合会组成的更大规模的教授会，由它负责管理各系。同时，从各科中各自选出本系的主任，再从这些主任中选出一名负责所有各系工作的教务长。再由教务长召集各系主任一同合作进行教学管理。至于北大的行政事务，校长有权指定某些教师组成诸如图书委员会、仪器委员会、财政委员会和总务委员会等。每个委员会选出一人任主席，同时，跟教授、讲师组成教授会的方法相同，这些主席组成他们的行政会。该会的执行主席则由校长遴选。他们就这样组成了一个双重的行政管理体制，一方面是教授会，另一方面是行政会。但是，这种组织形式还是不够完善，因为缺少立法机构。因此又召集所有的从事教学的人员选出代表，组成评议会。这就是为许多人称道的北京大学“教授治校”制。

如上所说，北大的进步尽管缓慢，但是从晚清至今，这种进步已经是不可逆转了。这些穷年累月才完成的早期改革，同大学教育的目的与观念有极大的关系。大学教育的目的与观念是明确的，就是要使索然寡味的学习趣味化，激起人们的求知欲望。我们决不把北大仅仅看成是这样一个场所——对学生进行有效的训练，训练他们日后成为工作称职的人。无疑，北大每年是有不少毕业生要从事各项工作的，但是，也还有一些研究生极其认真地从事高深的研究工作，而且，他们的研究总是及时地受到前辈的鼓励与认可。这里，请允许我说明，北大最近设置了研究生奖学金和其他设施。我们中国自古以来就以宣扬和实践“朴素的生活，高尚的思想”而著称。因此，按照当代学者的看法，这所大学还负有培育及维护一种高标准的个人品德的责任，而这种品德对于做一个好学生以及今后做一个好国民来说，是不可缺少的。

为了对上面所提到的高深研究工作加以鼓励，北大还采取了以下一些措施：

（甲）强调教授及讲师不仅仅是授课，还要不放过一切有利于自己研究的机会，使自己的知识不断更新，保持活力。

（乙）在每一个系，开始了由师生合作进行科学方面及其他方面的研究。

（丙）研究者进行学术讨论有绝对自由，丝毫不受政治、宗教、历史纠纷或传统观念的干扰。即使产生了对立的观念，也应作出正确的判断和合理的说明，避免混战。

为了培养性格、品德，还采取了如下一些措施：

（甲）制定体育教育计划：（1）每年进行各种运动技能比赛。与外界举行比赛和其他的室外比赛，吸引了所有的北大师生，其水准可与西方相比。足球、网球、赛马、游泳、划船等活动同样令人喜爱。（2）可自愿参加某些军训项目，特别是童子军运动正在兴起。

（乙）为培养学生对美术与自然美的鉴赏能力，成立了雕塑研究会和音乐研究会。

（丙）学生们利用课余时间在学校附近的文盲及劳工社会服务，深受公众的赞赏。其中最突出的是在乡村地区开展平民讲习运动和对普通市民开办平民夜校。学生们通过这些活动，极大地促进了自己的身心发展。

当中国的青年一代在思想上接受了新的因素之后，他们对政府与社会问题的态度就变得纷繁复杂了。他们热情奔放地参加一切政治活动，这已在全国各地不同程度地表现出来。这种学生运动虽然是当代所特有的（如巴黎与哈瓦那所报道的那样），但在中国的汉代及明代历史上已早有先例。它只是在近几年中采取了更为激烈的反抗形式而已。学校当局的看法是，如果学生的行为不超出公民身份的范围，如果学生的行为怀有良好的爱国主义信念，那么，学生是无可指责的。学校当局对此应正确判断，不应干预学生运动，也不应把干预学生运动看成是自己对学生的责任。现代的教育已确实把我们的学生从统治者的束缚中解放了出来。总的来说，这场活跃的运动已经在我们年青一代的思想中灌注了思想、兴趣和为社会服务的真诚愿望，从而赋予他们以创造力和组织力，增强了领导能力，促进了友谊。但是，这也可能使学生本身受害，危及他们已取得的进步。学校当局正是基于这点才以极大的同情与慈爱而保护他们。

上述的概括，可能已足以说明中国大学教育的总的趋向，这是从我在北大任职期间的个人经历中总结出来的。至于中国教育的发展，特别是目前教育的发展，可能还存在其他倾向；即使在北大，这些带有倾向性的改革，不论其是否起了作用，我们认为它还是很不完善的。更确切地说，我们的改革与实验，使我们确信我们的大学目标与观念仍然是很不成熟的。

（选自《中国现代大学观念及教育趋向》）

十五年来我国大学教育之进步

蔡元培

每年国庆日，必有许多悲观的论说，说是民国成立以来，军阀这样专横，政客这样腐败，因而使人民这样困苦，毫无真正民国的现象，国庆日不是可庆而是可吊的。我也何尝没有这种感想。然而国民的责任，一方面固然要握有政治实权，整理全国；一方面又要从社会上尽力，使文化逐渐增高。现在我国的人民，自卫自治的能力尚未充实，不能立刻夺回政权于军阀政客之手，而自行处理，固然有愧于民国国民的资格。然而社会事业，这十五年中，却有显著的进步。我不用说别的，只要把大学教育进步的状况说一说，就可以证明了。

就数量上说，元年，唯北京、山西各有国立大学一所。各省公立的，只有高等学堂，如今的大学预科，没有大学。私立大学，除教会所设者外，没有预科。到了现在，在北京国立的，增了师范、女师范、医科、农科、工科、法政、女子等大学，虽其间有仅足当大学之一科的，而终不能不认为独立的大学。又素有美国大学预备科（之称）的清华学校，已扩为大学，在江苏与广东，增了东南与广州两大学。天津的北洋、上海的南洋与同济，均扩为大学了。在上海又增了一个政治大学。省立大学，在云南、陕西、四川、湖北、湖南、河南、山东、直隶、奉天等处，都已成立。浙江、安徽，也有成议。私立的，在北京有中法、朝阳、中国、民国、华北、平民等之十所，在上海，有复旦、大同、中国公学大学部、大夏、光华等等之十所，在福建，有厦门大学。总算起来，有八十几所。虽其中程度不及大学而冒用大学之名的很不少，然而名副其实的，只要有四分之一，也就十倍于民国元年了。

就内容上说，仅即名副其实的大学说一说。有几种是认为进步的优点。（一）从前大学，科目甚不完备，求曾在大学毕业之人来任大学教员，已苦于不易得，不得已仍以旧时代所谓学者充之。现今在国内外大学毕业的，岁有增加，除了一部分对于学问有十分兴趣，愿委身于教育者外，就是热心办事的学者，也因没有相当的事业，可以担任，而愿尽力于教育界，所以各大学延聘教员，尽有选择余地，而教员也很自重，不肯敷衍了事。（二）从前大学，以教员印发讲义，而在讲堂上照讲义演述一遍，便算尽责。并且这种讲义，年年如此，永不修增。学生领了讲义，就算得了学问，不要笔述，也不要看参考书，不要做实验的工夫。现在的大学，注重于图书、仪器的设备，教员对于所教的学科，不断地继续研究，因而每次必有增加的新材料，且督率学生，尽自行试验、自行参考的义务。所以较善的大学，必有较完备的实验室与图书馆，不光是空空洞洞的几个讲堂了。（三）从前大学，还是科举的变相，所望于学生的，是毕业后可以供政府的任用。学生也抱了一种升官发财的目的而来，只要熬到毕业年限，骗到一张毕业证书，就可以别图发展，平日本来无须特别的用功。至于讲堂上课以外，更没有什么需要了。现在知道大学对于学生，不但传授学术，更有养成人格的义务。所以于指导学生切实用功以外，还有各种体育、美育之设备，辩论演说的练习，游历调查的组织，以引起学生自尊人格、服务社会的精神。就这几点看来，不能不说今日的大学，比十五年前已经进步得多了。

还有一事值得特别标举的，是现在大学渐共趋于设立研究所之一途。

原大学的责任，本不但在养成一种人才，能以现在已有的学术，来处理现在已有的事业，而在乎时时有新的发现与发明，指导事业界，促其进步。所以大学不但是教育与指导学术于学生的机关，而实在是教员与学生共同研究的机关。民国元年，教育部所定的大学规程，本有研究所一项，而各大学没有举行的。国立北京大学于七年间曾拟设各门研究所，因建设费无从筹出，不能成立。十年议决，归并为自然科学、社会科学、国学、外国文学四门。而国学门即于十一年成立。五年以来，其中编辑室、考古学研究室、明清史料整理会、风俗调查会、歌谣研究室、方言调查会等，已著有不少的成绩，所著录研究生三十二人，也已有十二人贡献心得的著作。其他若地质学系、物理学系等，虽未立研究所名义，而教员研究所得，已为社会所推许。最近两年来，清华大学已设立研究院，而厦门大学也有国学研究所的组织，这尤是大学教育进步的明证。

古人说："国于天地，必有与立。"立国之本，在实业与教育，而教育负有养成实业人才的任务。所以教育进步，确为国民进步的符验。没有好的小学，就没有好的中学生，没有好的中学，就没有好的大学生。所以有人说，小学没有办好，就不必读中学，中学没有办好，就不必读大学，这固然有一方面的理由，然而大学教育不好，就没有办中等教育的人才，中等教育不好，就没有办初等教育的人才，不也有是理由的吗？我是最接近于大学教育的人，所以由大学教育的进步，而推想教育界全体的进步；又由教育进步而推想实业的进步。只要从此进步不已，那政治、军事上的纠纷，是没有不可以解决的。我想过了几年，我们的国庆日，一定可以达到不可吊而可庆的程度。

（选自《十五年来我国大学教育之进步》）

就任北京大学校长之演说

蔡元培

五年前，严几道先生为本校校长时，余方服务教育部，开学日曾有所贡献于同校。诸君多自预科毕业而来，想必闻知。士别三日，刮目相见，况时阅数载，诸君较昔当必为长足之进步矣。予今长斯校，请更以三事为诸君告。

一曰抱定宗旨。诸君来此求学，必有一定宗旨，欲求宗旨之正大与否，必先知大学之性质。今人肄业专门学校，学成任事，此固势所必然。而在大学则不然，大学者，研究高深学问者也。外人每指摘本校之腐败，以求学于此者，皆有做官发财思想，故毕业预科者，多入法科，入文科者甚少，入理科者尤少，盖以法科为干禄之终南捷径也。因做官心热，对于教员，则不问其学问之浅深，唯问其官阶之大小。官阶大者，特别欢迎，盖为将来毕业有人提携也。现在我国精于政法者，多入政界，专任教授者甚少，故聘请教员，不得不聘请兼职之人，亦属不得已之举。究之外人指摘之当否，姑不具论。然弭谤莫如自修，人讥我腐败，而我不腐败，问心无愧，于我何损？果欲达其做官发财之目的，则北京不少专门学校，入法科者尽可肄业法律学堂，入商科者亦可投考商业学校，又何必来此大学？所以诸君须抱定宗旨，为求学而来。入法科者，非为做官；入商科者，非为致富。宗旨既定，自趋正轨。诸君肄业于此，或三年，或四年，时间不为不多，苟能爱惜光阴，孜孜求学，则其造诣，容有底止。若徒志在做官发财，宗旨既乖，趋向自异。平时则放荡冶游，考试则熟读讲义，不问学问之有无，唯争分数之多寡；试验既终，书籍束之高阁，毫不过问，敷衍三四年，潦草塞责，文凭到手，即可借此活动于社会，岂非与求学初衷大相背驰乎？光阴虚度，学问毫无，是自误也。且辛亥之役，吾人之所以革命，因清廷官吏之腐败。即在今日，吾人对于当轴多不满意，亦以其道德沦丧。今诸君苟不于此时植其基，勤其学，则将来万一因生计所迫，出而任事，担任讲席，则必贻误学生；置身政界，则必贻误国家。是误人也。误己误人，又岂本心所愿乎？故宗旨不可以不正大。此余所希望于诸君者一也。

二曰砥砺德行。方今风俗日偷，道德沦丧，北京社会，尤为恶劣；败德毁行之事，触目皆是，非根基深固，鲜不为流俗所染。诸君肄业大学，当能束身自爱。然国家之兴替，视风俗之厚薄。流俗如此，前途何堪设想。故必有卓绝之士，以身作则，力矫颓俗。诸君为大学学生，地位甚高，肩此重任，责无旁贷，故诸君不惟思所以感己，更必有以励人。苟德之不修，学之不讲，同乎流俗，合乎污世，己且为人轻侮，更何足以感人。然诸君终日伏首案前，营营攻苦，毫无娱乐之事，必感身体上之苦痛。为诸君计，莫如以正当之娱乐，易不正当之娱乐，庶于道德无亏，而于身体有益。诸君入分科时，曾填写愿书，遵守本校规则，苟中道而违之，岂非与原始之意相反乎？故品行不可以不谨严。此余所希望于诸君者二也。

三曰敬爱师友。教员之教授，职员之任务，皆以图诸君求学之便利，诸君能无动于衷乎？自应以诚相待，敬礼有加。至于同学共处一堂，尤应互相亲爱，庶可收切磋之效。不惟开诚布公，更宜道义相勖，盖同处此校，毁誉共之。同学中苟道德有亏，行有不正，为社会所訾詈，己虽规行矩步，亦莫能辩，此所以必互相劝勉也。余在德国，每至店肆购买物品，店主殷勤款待，付价接物，互相称谢，此虽小节，然亦交际所必需，常人如此，况堂堂大学生乎？对于师友之敬爱，此余所希望于诸君者三也。

余到校视事仅数日，校事多未详悉，兹所计划者二事：一曰改良讲义。诸君既研究高深学问，自与中学、高等不同，不惟恃教员讲授，尤赖一己潜修。以后所印讲义，只列纲要，细微末节，以及精旨奥义，或讲师口授，或自行参考，以期学有心得，能裨实用。二曰添购书籍。本校图书馆书籍虽多，新出者甚少，苟不广为购办，必不足供学生之参考，刻拟筹集款项，多购新书，将来典籍满架，自可旁稽博采，无虞缺乏矣。今日所与诸君陈说者只此，以后会晤日长，随时再为商榷可也。

（选自《就任北京大学校长之演说》）

我在北京大学的经历

蔡元培

北京大学的名称，是从民国元年起的；民元以前，名为京师大学堂，包有师范馆、仕学馆等，而译学馆亦为其一部。我在民元前六年，曾任译学馆教员，讲授国文及西洋史，是为我在北大服务之第一次。

民国元年，我长教育部，对于大学有特别注意的几点：（一）大学设法、商等科的，必设文科；设医、农、工等科的，必设理科。（二）大学应设大学院（即今研究院）为教授、留校的毕业生与高级学生研究的机关。（三）暂定国立大学五所，于北京大学外，再筹办大学各一所于南京、汉口、四川、广州等处。（尔时想不到后来各省均有办大学的能力）。（四）因各省的高等学堂，本仿日本制，为大学预备科，但程度不齐，于入大学时发生困难，乃废止高等学堂，于大学中设预科。（此点后来为胡适之先生等所非难，因各省既不设高等学堂，就没有一个荟萃较高学者的机关，文化不免落后；但自各省竞设大学后，就不必顾虑了。）

是年，政府任严幼陵君为北京大学校长；两年后，严君辞职，改任马相伯君；不久，马君又辞，改任何锡侯君，不久又辞，乃以工科学长胡次珊君代理。民国五年冬，我在法国，接教育部电，促回国，任北大校长。我回来，初到上海，友人中劝不必就职的颇多，说北大太腐败，进去了，若不能整顿，反于自己的声名有碍；这当然是出于爱我的意思。但也有少数的说，既然知道他腐败，更应进去整顿，就是失败，也算尽了心；这也是爱人以德的说法。我到底服从后说，进北京。

我到京后，先访医专校长汤尔和君，问北大情形。他说："文科、预科的情形，可问沈尹默君；理工科的情形，可问夏浮筠君。"汤君又说："文科学长如未定，可请陈仲甫君；陈君现改名独秀，主编《新青年》杂志，确可为青年的指导者。"因取《新青年》十余本示我。我对于陈君，本来有一种不忘的印象，就是我与刘申叔君同在《警钟日报》服务时，刘君语我："有一种在芜湖发行之白话报，发起的若干人，都因困苦及危险而散去了，陈仲甫一个人又支持了好几个月。"现在听汤君的话，又翻阅了《新青年》，决意聘他。从汤君处探知陈君寓在前门外一旅馆，我即往访，与之订定。于是陈君来北大任文科学长，而夏君原任理科学长，沈君亦原任教授，一仍旧贯；乃相与商定整顿北大的办法，次第执行。

我们第一要改革的，是学生的观念。我在译学馆的时候，就知道北京学生的习惯。他们平日对于学问上并没有什么兴会，只要年限满后，可以得到一张毕业文凭。教员是自己不用功的，把第一次的讲义，照样印出来，按期分散给学生，在讲坛上读一遍，学生觉得没有趣味，或瞌睡，或看看杂书，下课时，把讲义带回去，堆在书架上。等到学期、学年或毕业的考试，教员认真的，学生就拼命地连夜阅读讲义，只要把考试对付过去，就永远不再去翻一翻了。要是教员通融一点，学生就先期要求教员告知他要出的题目，至少要求表示一个出题目的范围；教员为避免学生的怀恨与顾全自身的体面起见，往往把题目或范围告知他们了。于是他们不用功的习惯，得了一种保障了。尤其北京大学的学生，是从京师大学堂"老爷"式学生嬗继下来（初办时所收学生，都是京官，所以学生都被称为老爷，而监督及教员都被称为中堂或大人）。他们的目的，不但在毕业，而尤注重在毕业以后的出路。所以专门研究学术的教员，他们不见得欢迎；要是点名时认真一点，考试时严格一点，他们就借个话头反对他，虽罢课也所不惜。若是一位在政府有地位的人来兼课，虽时时请假，他们还是欢迎得很；因为毕业后可以有阔老师做靠山。这种科举时代遗留下来的劣根性，是于求学上很有妨碍的。所以我到校后第一次演说，就说明："大学学生，当以研究学术为天职，不当以大学为升官发财之阶梯。"然而要打破这些习惯，只有从聘请积学而热心的教员着手。

那时候因《新青年》上文学革命的鼓吹，而我们认识留美的胡适之君，他回国后，即请到北大任教授。胡君真是"旧学邃密"而且"新知深沉"的一个人，所以一方面与沈尹默、兼士兄弟，钱玄同，马幼渔，刘半农诸君以新方法整理国故，一方面整理英文系；因胡君之介绍而请到的好教员，颇不少。

我素信学术上的派别，是相对的，不是绝对的；所以每一种学科的教员，即使主张不同，若都是"言之成理、持之有故"的，就让他们并存，令学生有自由选择的余地。最明白的，是胡适之君与钱玄同君等绝对的提倡白话文学，而刘申叔、黄季刚诸君仍极端维护文言的文学；那时候就让他们并存。我信为应用起见，白话文必要盛行，我也常常作白话文，也替白话文鼓吹；然而我也声明：作美术文，用白话也好，用文言也好。例如我们写字，为应用起见，自然要写行楷，若如江艮庭君的用篆隶写药方，当然不可；若是为人写斗方或屏联，作装饰品，即写篆隶章草，有何不可？

那时候各科都有几个外国教员，都是托中国驻外使馆或外国驻华使馆介绍的，学问未必都好，而来校既久，看了中国教员的阑珊，也跟了阑珊起来。我们斟酌了一番，辞退几人，都按着合同上的条件办的。有一法国教员要控告我；有一英国教习竟要求英国驻华公使朱尔典来同我谈判，我不答应。朱尔典出去后，说："蔡元培是不要再做校长的了。"我也一笑置之。

我从前在教育部时，为了各省高等学堂程度不齐，故改为各大学直接的预科；不意北大的预科，因历年校长的放任与预科学长的误会，竟演成独立的状态。那时候预科中受了教会学校的影响，完全偏重英语及体育两方面，其他科学比较的落后；毕业后若直升本科，发生困难。预科中竟自设了一个预科大学的名义，信笺上亦写此等字样。于是不能不加以改革，使预科直接受本科学长的管理，不再设预科学长；预科中主要的教课，均由本科教员兼任。

我没有本校与他校的界限，常为之通盘打算，求其合理化。是时北大设文、理、工、法、商五科，而北洋大学亦有工、法两科；北京又有一工业专门学校，都是国立的。我以为无此重复的必要，主张以北大的工科并入北洋，而北洋之法科，刻期停办。得北洋大学校长同意及教育部核准，把土木工与矿冶工并到北洋去了。把工科省下来的经费，用在理科上。我本来想把法科与法专并成一科，专授法律，但是没有成功。我觉得那时候的商科，毫无设备，仅有一种普通商业学教课，于是并入法科，使已有的学生毕业后停止。

我那时候有一个理想，以为文、理两科，是农、工、医、药、法、商等应用科学的基础，而这些应用科学的研究时期，仍然要归到文、理两科来。所以文、理两科，必须设各种的研究所；而此两科的教员与毕业生必有若干人是终身在研究所工作，兼任教员，而不愿往别种机关去的。所以完全的大学，当然各科并设，有互相关联的便利。若无此能力，则不妨有一大学专办文、理两科，名为本科，而其他应用各科，可办专科的高等学校，如德、法等国的成例，以表示学与术的区别。因为北大的校舍与经费，绝没有兼办各种应用科学的可能，所以想把法律分出去，而编为本科大学；然没有达到目的。

那时候我又有一个理想，以为文、理是不能分科的。例如文科的哲学，必植基于自然科学；而理科学者最后的假定，亦往往牵涉哲学。从前心理学附入哲学，而现在用实验法，应列入理科；教育学与美学，也渐用实验法，有同一趋势。地理学的人文方面，应属文科，而地质地文等方面属理科。历史学自有史以来，属文科，而推原于地质学的冰期与宇宙生成论，则属于理科。所以把北大的三科界限撤去，而列为十四系，废学长，设系主任。

我素来不赞成董仲舒罢黜百家、独尊孔氏的主张。清代教育宗旨有"尊孔"一款，已于民元在教育部宣布教育方针时说他不合用了。到北大后，凡是主张文学革命的人，没有不同时主张思想自由的；因而为外间守旧者所反对。适有赵体孟君以编印明遗老刘应秋先生遗集，贻我一函，属约梁任公、章太炎、林琴南诸君品题；我为分别发函后，林君复函，列举彼对于北大怀疑诸点，我复一函，与他辩。这两函颇可窥见那时候两种不同的见解，所以抄在下面（《致〈公言报〉函并答林琴南函》，此处略）。

这两函虽仅为文化一方面之攻击与辩护，然北大已成为众矢之的，是无可疑了。越四十余日，而有五四运动。我对于学生运动，素有一种成见，以为学生在学校里面，应以求学为最大目的，不应有何等政治的组织。其有年在二十岁以上，对于政治有特殊兴趣者，可以个人资格参加政治团体，不必牵涉学校。所以民国七年夏间，北京各校学生，曾为外交问题，结队游行，向总统府请愿；当北大学生出发时，我曾力阻他们，他们一定要参与；我因此引咎辞职，经慰留而罢。到八年五月四日，学生又有不签字于巴黎和约与罢免亲日派曹、陆、章的主张，仍以结队游行为表示，我也就不去阻止他们了。他们因愤激的缘故，遂有焚曹汝霖住宅及攒殴章宗祥的事，学生被警厅逮捕者数十人，各校皆有，而北大学生居多数。我与各专门学校的校长向警厅力保，始释放。但被拘的虽已保释，而学生尚抱再接再厉的决心，政府亦且持不做不休的态度。都中喧传政府将明令免我职而以马其昶君任北大校长，我恐若因此增加学生对于政府的纠纷，我个人且将有运动学生保持地位的嫌疑，不可以不速去。乃一面呈政府，引咎辞职，一面秘密出京，时为五月九日。

那时候学生仍每日分队出去演讲，政府逐队逮捕，因人数太多，就把学生都监禁在北大第三院。北京学生受了这样大的压迫，于是引起全国学生的罢课，而且引起各大都会工商界的同情与公愤，将以罢工、罢市为同样之要求。政府知势不可侮，乃释放被逮诸生，决定不签和约，罢免曹、陆、章，于是五四运动之目的完全达到了。

五四运动之目的既达，北京各校的秩序均恢复，独北大因校长辞职问题，又起了多少纠纷。政府曾一度任命胡次珊君继任，而为学生所反对，不能到校；各方面都要我复职。我离校时本预定决不回去；不但为校务的困难，实因校务以外，常常有许多不相干的缠绕，度一种劳而无功的生活，所以启事上有“杀君马者道旁儿；民亦劳止，汔可小休；我欲小休矣”等语。但是隔了几个月，校中的纠纷，仍在非我回校不能解决的状态中，我不得已，乃允回校。回校以前，先发表一文，告北京大学学生及全国学生联合会，告以学生救国，重在专研学术，不可常为救国运动而牺牲。到校后，在全体学生欢迎会演说，说明德国大学学长、校长均每年一换，由教授会公举，校长且由神学、医学、法学、哲学四科之教授轮值，从未生过纠纷，完全是教授治校的成绩。北大此后亦当组成健全的教授会，使学校绝不因校长一人的去留而起恐慌。

那时候蒋梦麟君已允来北大共事，请他通盘计划，设立教务、总务两处，及聘任财务等委员会，均以教授为委员。请蒋君任总务长，而顾孟余君任教务长。

北大关于文学、哲学等学系，本来有若干基本教员，自从胡适之君到校后，声应气求，又引进了多数的同志，所以兴会较高一点。预定的自然科学、社会科学、文学、国学四种研究所，只有国学研究所先办起来了。在自然科学与社会科学方面，比较的困难一点。自民国九年起，自然科学诸系，请到了丁巽甫、颜任光、李润章诸君主持物理系，李仲揆君主持地质系。在化学系本有王抚五、陈聘丞、丁庶为诸君，而这时候又增聘程寰西、石蘅青诸君。在生物学系本已有钟宪鬯君在东南、西南各省搜罗动植物标本，有李石曾君讲授学理，而这时候又增聘谭仲逵君。于是整理各系的实验室与图书室，使学生在教员指导之下，切实用功；改造第二院礼堂与庭园，使合于讲演之用。在社会科学方面，请到王雪艇、周鲠生、皮皓白诸君；一面诚意指导提起学生好学的精神，一面广购图书杂志，给学生以自由考索的工具。丁巽甫君以物理学教授兼预科主任，提高预科程度。于是北大始达到各系平均发展的境界。

我是素来主张男女平等的。九年，有女学生要求进校，以考期已过，姑录为旁听生。及暑假招考，就正式招收女生。有人问我："兼收女生是新法，为什么不先请教育部核准？"我说："教育部的大学令，并没有专收男生的规定；从前女生不来要求，所以没有女生；现在女生来要求，而程度又够得上，大学就没有拒绝之理。"这是男女同校的开始，后来各大学都兼收女生了。

我是佩服章实斋先生的。那时候国史馆附设在北大，我定了一个计划，分征集、纂辑两股，纂辑股又分通史、民国史两类，均从长编入手，并编历史辞典。聘屠敬山、张蔚西、薛阆仙、童亦韩、徐贻孙诸君分任征集编纂等务。后来政府忽又有国史馆独立一案，别行组织。于是张君所编的民国史，薛、童、徐诸君所编的辞典，均因篇帙无多，视同废纸；只有屠君在馆中仍编他的蒙兀儿史，躬自保存，没有散失。

我本来很注意于美育的，北大有美学及美术史教课，除中国美术史由叶浩吾君讲授外，没有人肯讲美学。十年，我讲了十余次，因足疾进医院停止。至于美育的设备，曾设书法研究会，请沈尹默、马叔平诸君主持；设画法研究会，请贺履之、汤定之诸君教授国画，比国楷次君教授油画；设音乐研究会，请萧友梅君主持；均听学生自由选习。

我在爱国学社时，曾断发而习兵操。对于北大学生之愿受军事训练的，常特别助成；曾集这些学生，编成学生军，聘白雄远君任教练之责，亦请蒋百里、黄膺白诸君到场演讲。白君勤恳而有恒，历十年如一日，实为难得的军人。

我在九年的冬季，曾往欧美考察高等教育状况，历一年回来。这期间的校长任务，是由总务长蒋君代理的。回国以后，看北京政府的情形，日坏一日，我处在与政府常有接触的地位，日想脱离。十一年冬，财政总长罗钧任君忽以金佛郎问题被逮，释放后，又因教育总长彭允彝君提议，重复收禁。我对于彭君此举，在公议上，认为是蹂躏人权、献媚军阀的勾当；在私情上，罗君是我在北大的同事，而且于考察教育时为最密切的同伴，他的操守，为我所深信，我不免大抱不平。与汤尔和、邵飘萍、蒋梦麟诸君会商，均认有表示的必要。我于是一面递辞呈，一面离京。隔了几个月，贿选总统的布置，渐渐地实现，而要求我回校的代表，还是不绝，我遂于十二年七月间重往欧洲，表示决心；至十五年，始回国。那时候，京津间适有战争，不能回校一看。十六年，国民政府成立，我在大学院，试行大学区制，以北大划入北平大学区范围，于是我的北京大学校长的名义，始得取消。

综计我居北京大学校长的名义，十年有半；而实际在校办事，不过五年有半，一经回忆，不胜惭悚。

（选自《我在北京大学的经历》）

网罗人才，领风气之先

郑天挺

蔡先生 1917 年到北大做校长，提出“兼容并包”。大家常举辜汤生（辜鸿铭，文科英文门教授，复辟派）、刘师培（刘申叔，文科国文门教授，帝制派）为例，这当然是事实，但容易被人们误解兼容并包只是包容反动落后的人物。其实，这只是蔡先生兼容并包的一个小角，而且是极小的小角。

过去中国学术上流派很多。经学有今、古文学派的不同，蔡先生同时聘请了今文学派的崔适（他的《论语足征记》《史记探原》均在北大出版），也聘请了古文学派的刘师培。在文字训诂方面，既有章炳麟的弟子朱希祖、黄侃、马裕藻，还有其他学派的陈黻宸、陈汉章、马叙伦。在旧诗方面，同时有主唐诗的沈尹默，尚宋诗的黄节，还有宗汉魏的黄侃。在政法方面，同时有英美法系的王宠惠，也有大陆法系的张耀曾。其他学科，同样都是不同学派兼容并包。这是蔡先生在北大兼容并包的较多的一面。

更重要的是，蔡先生一到北大，就请全国侧目的提倡新文化运动的陈独秀作文科学长（相等于文学院院长）；这时爱因斯坦的相对论学说新兴起，蔡先生就请中国第一个介绍相对论的夏元瑮作理科学长。这种安排，震撼了当时学术界和教育界，得到学生的欢呼拥护。李大钊到北大，是蔡先生请来的；李四光到北大，是蔡先生请来的；胡适到北大，也是蔡先生请来的。章士钊创立逻辑的学名，北大就请他用《逻辑》开课；胡适和梁漱溟对孔子的看法不同，蔡先生就请他们同时各开一课，唱对台戏。当时，很少学校开设世界语课程，北大开了，并附设了世界语讲习班。1917年以后的几年里，北大三十岁左右的青年教授相当多，其中不少人和蔡先生并不相识，而是从科学论文中发现请来的。这是蔡先生兼容并包在北大的主要表现，也是最了不起的一面。我想，北京大学所以能够始终走在新思想新科学队伍的最前面，未始不发轫于此。

蔡先生在北大最关心学生的课外生活。1917 年 11 月，蔡先生请著名画家陈衡恪（师曾）在北大讲《清朝的画法》（后用《中国之文人画》发表），并携带石涛、吴、恽和四王画幅十多件展览，由蔡先生自己主持，全校轰动。过了三年，有许多同学发起组织画法研究会，由学校聘请著名画家陈衡恪、贺履之、汤定之、徐悲鸿为导师。蔡先生还亲自写了一篇《北京大学画法研究会旨趣书》，指出“科学、美术同为新教育要纲”，要求参加的同学“不可不以研究科学之精神贯注之”。接着成立的课外活动社团，除各系学会外，还有文学会、演说会、音乐会、书法研究会、考古学会、歌谣征集会、摄影学会、技击会（拳术）、体育会（球类）、静坐会、进德会等等。就中音乐会发展最快，影响较大。一次蔡先生请古琴家王心葵（山东人）在二院大礼堂演奏古琴，同学们除了欣赏乐曲以外，还兴起了发掘古乐器和古乐谱的强烈要求。后由音乐会发展为音乐传习所，请来不少民间音乐家如刘天华等来所担任讲习和演奏。还培养出一些音乐人才，有志研究中国古代乐律的杨没累就是音乐传习所的学生。静坐会由于蔡先生的朋友蒋维乔来校讲演，谈到静坐是休息头脑的好办法，因而成立的。参加的人不是全天静坐，只以每日下午四至五时为实习时间，并规定早晚可以自习，不得妨及功课，这是和宗教的禅定绝对不同的。

蔡先生待人接物，彬彬有礼。很多人称他为“好人”，是有原因的，但绝不是世俗的“滥好人”。蔡先生对大是大非是严肃不苟的。他提倡新文化，领导五四运动，发起民权大同盟，以及在北大的开放女禁，论洪水猛兽是旧思想而不是新思潮，以和社会上旧势力作斗争，都是昭昭在人耳目的。

（选自《蔡先生在北大的二三事》）

北大迎来新气象

陶希圣

蔡先生来校以前的预科。我在民国四年考上北京大学预科。那时北大预科的学长是徐崇清先生。他办理预科一切从严，学风很好。预科三年，分文科和实科。实科需修英文和德文；文科则是英文、法文，也有日文。一般说来，外国语以及科学水准都相当高。预科设在译学馆，有一个独立的局面；而预科的学生甚至对本科的学生看不起。当时有这么一种情形。

改制后的法律系。民国六年蔡先生来了之后，他就把制度改了。他认为北京大学应该注重理论的科学，设文、理、法三科（学院）就好了，把北大的工科移交北洋大学，而把北洋大学的法科挪到北京大学。中国大学的法科也归并起来。这是民国七年的事。我那时由预科升法科法律系一年级，经过这一归并，我这一班就成了很大的一班，有一百多人，包括三个学校法律系学生，即北大预科升入本科的，以及北洋大学和中国大学法科一年级的学生。这三校校风不同，学生的态度也就不一样，下课休息时一眼就看得出来。北大预科升上来的，大学同学多年，都很熟了，下课时大家在一起有说有笑；北洋大学的学生读书用功，下课十分钟他们仍然留在课堂上，中国大学的学生则吊儿郎当，自成一格。这一个课堂三种作风留给我的印象，到今天还是很深。

法科原来三年，这时改为四年。预科则改为二年。预科一改为二年，它的独立性就取消了，附到本科里面来。这是北大学制的一次大改革。

教授阵容也有改变。就法律系来说，教我们书的原来都是留日的学生，现任大理院庭长、推事、总检察厅的检察官以及高等法院的庭长、推事等来教我们的课，最出名的就是清末起草中国的刑法、民法的日本学者的助手和译人，例如冈田朝太朗起草刑法，由张孝簃先生翻译；民法是松冈义正起草的，由一位屠先生翻译；张、屠诸位教我们的刑法与民法。商法由周先生教，发讲义，他用的底本是松本蒸治的商法，诸如此类。蔡校长来了之后，有一批留欧的学者来了，王雪艇先生就是一个，他在法科教我们“比较宪法”。那时教我们的都是留日的或是用日本的课本来教，对于留欧回来的人觉得他们的方法不一样，有点怪怪的。我在法律系四年级的时候，到图书馆去看书，见雪艇先生也坐在那里看书，却从来不招呼，不交谈。当时的一般同学不大跟师长接触，就是在五四运动的时候，参加运动乃至被推任学生联合会职务的同学们也不到校长那里去。

后来北京大学收女生，不过我们法律系没有女生，整个法学院只有一个女生，不知是在政治系还是经济系。

两院一堂是八大胡同重要的顾客。那时北京的生活很便宜，一个北大学生一年的生活开支包括学杂费在内，平均有一百八十块钱就足够了，节省一点的有一百二十块钱也可以过了。但当时北大学生之中，有继承清末以来的流风余韵。在清末的时候，京师大学堂的学生有些贵族达官的子弟，到了民国初年，贵族子弟仍然不少，文科那边有一个学生坐自用人力车（洋车）来上课，他的洋车有六个电灯，两个铃，一路当当地响着来，而他的头发更是梳得油光发亮。在民国初年，两院一堂是八大胡同受欢迎的重要的顾客。两院是国会的参众两院，一堂就是北京大学——京师大学堂。学生之中这种贵族子弟还是不少。北京是都城，政治社会风气仍有清末留下来的。在那种氛围之下，蔡校长来了之后，他把学风改变下来，所发生的影响和意义何等的重大。

进德会的八戒。学风的改变第一是学术自由，这有很大的影响，因为学术自由，各种学说都可以讲，学生的眼界宽，胸襟也开了，不是从前那种样子。第二是进德会。进德会有三种等第，甲种会员：不嫖、不赌、不娶妾；乙种会员：于前三戒外，加不做官吏、不做议员二戒；丙种会员：于前五戒外，加不吸烟、不喝酒、不食肉三戒。所谓不做官吏、不做议员二戒是针对当时的政客，针对民六、民八的国会。民六、民八的北京政风实在不成样子，而不嫖、不娶妾是针对此而发。学风在这种潜移默化之下无形的改变，主要的还是学生眼界宽，胸襟大，从古老的传统里解脱出来，增广见闻，这是很重要的一件事。

收女生是打破传统的大事。北大收女生，在当时北京的社会里头是一件打破传统的大事。当时北京的社会风气是很保守的，如前门外的广和楼，富连成社在那里演戏，不卖堂客票，女人不能进去看戏。东安市场的吉祥茶园，有一个门写着“堂客由此进”，女人要进去必须走那个门，男人则由另一门，男女之分，其严如此。在这种风气下，而一间国立大学竟然招收女生，这是一件很特别的大事。不过北京大学的学风，男生跟男生也没有什么社交，女生来了之后，跟男生也没有什么来往，即使是同班有女生，男生也不跟她们有什么来往，北大的风气一直如此。

蔡先生任北大校长对近代中国发生巨大影响。“不做官”的戒条有很大影响。蔡先生来了之后，所谓“不做官”，把做学问的学术和从政的做官分开，而所谓做官，就是当时北京的政客和官僚的那种官。当时北大学生与政客和军阀，在蔡先生的教导下分家了。也可以说北京大学这一风气的改变，把当时北洋军阀和政客的社会基础给打坏了。这是很重要的一件事。蔡先生虽然做校长的时间并不长，却对近代中国发生巨大的影响。

（选自《蔡先生任北大校长对近代中国发生的巨大影响》）

有教无类，改革课制

陈顾远

我是在民国五年暑假考上北大的，那时的校长是工科学长胡仁源代理；在民国十年我毕业的时候，校长一职则是蒋梦麟先生代理。在这期间蔡先生曾一度辞职。即是在五四时候，他留了一个条子曰："'杀君马者道旁儿'；'民亦劳止，汔可小休'，我欲小休矣。"当时我正在学校，亲见其事。现在我跟蔡先生的个人关系先不谈，先说说蔡先生在教育方面的思想和贡献。

有教无类创校役夜班

第一，他是有教无类，以求普及。亦即是知识的民主化、大众化，而不是少数人的专利品。而且他的教，并不是完全为实用而学，而是读书明理，以求大用，而不是小用。他这两种看法，我可举两个事实来说明。

他到北大之后，就实行他有教无类的政策。创办"校役夜班"，让工友上课进修，同学凡愿意教课的，可自动参加。头一次开会成立的时候，由蔡先生亲自主持并致辞。我记得我认识罗志希，就在这次会上，罗志希讲了几句话，说高深的知识需要用浅显的办法表达出来，他举吴稚晖先生的“上下古今谈”为例。我并在会中认识张国焘。我也在校役夜班中任课，我教的是植物学，因我在中学时写过《植物学表解》，用很浅显的方法解说植物学的奥秘，让很多人都能明白。这个校役夜班办了两年多。其后他又创办平民夜校，校长是四川人，我在抗战期间还见过他。

要求废除考试的“自绝生”

那时北大已有一部分学生开始在闹事，这些人许多后来是左派的分子。他们要求废除考试，闹得很厉害，他们就去见蔡先生。蔡先生说，你要文凭，就得考试；你如不要文凭，就不要考试；上课听你随便上，你愿意上就上，不愿意上就不上，但是你对外不能称是北京大学的学生，同时你也不能有北京大学毕业的资格。我们称这一批同学为“自绝生”。这也是一种求学自由，愿意来则可以旁听，但不是旁听生，不愿意待则去。这也是一种有教无类。

当时有许多人考北大没考上，他就办一个先修班，先修班能考试及格就可以入学。此外北大开始招收女生，开中国大学教育之先河，他的着眼点也正是有教无类以求普及。

改革课制为读书明理

其次，我说他的教学目的是在于读书明理，这也是他努力纠正一股社会不良的风气。当时有两句话甚为流行，说在北方的学生，就算是顶调皮的，“总带有三分官僚气”；而上海的学生，就算是顶老实的，“总带有三分流氓气”。蔡先生为纠正此一风气，认为不能为求用而求学，尤其是不能为求官。蔡先生于是把北大的课制大肆改革，他认为一个大学应注重文、理、法纯粹学理基本科学的研究，而工科则是技术性，他就把北大的工科分出来，归并于天津的北洋大学。并认为法科的同学想做官，而有意将法科合外到法政专校去。法科有预科，原是从前清的译学馆演变而来，原译学馆毕业可有举人的资格，所以进入法科肄业者目的都是想做官。蔡先生一来，认为应该为学问而学问，如果大学一心求官，则这样的法科可以不办。同学都表示一心向学。而有些学生如段锡朋、胡文豹原是私立民国大学归并到北大来的，北大法科如果不办，他们要往那里去，因此表示反对，于是北大的法科就继续下去。

不要为成绩而求学

他另有一个重要的改革是考试分数不再公布。我在民五进北大，头一个学期成绩还是公布的。我在中学时成绩一向很好，九次考试八次第一，另一次因扣分成为第二。到了北大之后，音乐、体育什么科目考试都要计分，而自己喜欢的功课没有了，所以我到了北大，抱定不再争分数，但求及格就行。在此之前我曾考过北洋工业专门学校，虽然仍是第一，但是数学不行，0 乘 3，0 除 3，3 乘 0，3 除 0，我都等于三，于是复试时名次落后，仍回北大。在北大第一学期我只求及格，仍得了 76 分。但是第二学期蔡先生来了之后，分数不再公布，也许留级者私底下会得到通知，但是及格者得多少成绩则不知道。其时陕西省的官费必须 80 分以上，我却补上了，毕业之后又在北大当助教，想来成绩还并不坏。但我在北大数年，除了第一学期得 76 分之外，以后我的成绩如何，始终不晓得。蔡先生之不公布成绩，目的是希望同学为学问而学问，而不是为成绩而求学。

根除法预科的洋化

而译学馆的遗风，不但有官气，而且洋化。在法预科里头，有英法（法律）班、法法班、德日法班三班，都是用外文直接讲授，除了中国文字学及语辞之外，都用外文，例如为我们讲“法学通论”的郑天锡先生，也用英文讲课。讲“西洋近代史”的是一个英国人，另一英籍老师斯哇罗（燕子）教我们英文写字及作文。此外法文班有一位布拉斯教法文，我现在还记得一句法文。而教英文的是一位华侨郭先生，但不会讲中国话。教日文的也是一位日本人。当时规定必须修习两种外国文。我在预科念英文班，主修英文及法文，并选修日文。但是当时“年纪大了”，已经二十岁，单字记不住。那时连邮局的布告都是法文，看起来文法组织都晓得，意思却不懂，因单字不会。当时的法预科可说是完全的洋化。

蔡先生民国六年到了北大以后，就把这些外国教员解聘，那些人还不肯走，几乎闹了官司。

以后我进入本科，除了大一有外语之外，二年级以上的课程都用中文讲授，我的课除张慰慈先生教的“政治学”之外，其余都是中文。

（选自《蔡校长对北大的改革与影响》）

一扫浓厚的官僚习气

周培源

蔡元培先生任校长前的北京大学承袭了京师大学堂，是一座官僚习气十分浓厚的封建学府。1916 年 12 月 26 日，北洋军阀政府任命蔡元培为国立北京大学校长。蔡先生自述："到上海后，多数友人均劝不可就职，说北大腐败，恐整顿不了；也有少数劝驾的，说腐败的总要有人去整顿，不妨试一试。"（《自写年谱》手稿）孙中山先生竭力主张去就职，认为有利于向北方传播革命思想。蔡先生自己也认为任北京大学校长并非做官，故决定北上。1917 年 1 月 4 日，蔡元培先生抱着整顿腐败的北京大学的决心，到校视事。

蔡元培先生整顿北大，首先是"广延积学与热心的教员，认真教授"。整顿从文科入手，因为文科教员中顽固守旧的人物不少，是北大前进的障碍。他聘请了具有革新思想、因创办《新青年》而颇有名声的陈独秀来北大任文科学长。先后来北大的还有李大钊、鲁迅、胡适、钱玄同、刘半农、沈尹默等，形成了以陈独秀为首的革新营垒。理科方面由当时知名的物理学家、相对论学者夏元瑮任学长，其他学有专长的教授有李仲揆（即李四光）、颜任光、任鸿隽、李书华等。蔡元培先生赴欧美考察期间，在法国，曾邀请居里夫人来北大讲学。居里夫人回答，不能立即成行，拟在将来的某一暑假前往。在德国，由夏元瑮陪同访问了爱因斯坦，并请他来北大讲学。爱因斯坦曾表示愿意在赴日本之后到中国讲学两周。蔡元培先生为表示隆重欢迎，函请全国重要学术机关联名发信，结果辗转费时，致使爱因斯坦收到邀请信时已错过行期，未能到北大讲学，这位对中国人民怀有友好感情的科学家感到“莫大的痛苦”。

在广为延聘具有真才实学的教员的同时，蔡元培先生又裁减了一批不称职的本国和外国教员。当然阻力很大，有人要控告他，居然还有外国公使找他谈判，扬言：“蔡元培是不要再做校长的了！”先生一笑置之。

经过一番整顿，北京大学的教师队伍面貌一新。据 1918 年统计，教授的平均年龄只有三十多岁。全校二百多名教员中，多数人的思想倾向于革新。北京大学有了朝气。

蔡元培先生还进行了学校领导体制的改革，大力推行资产阶级民主制。他任南京临时政府教育总长时，在所发布的《大学令》中就规定了大学要设评议会，但后来并未实行。他到北大后身体力行，设立评议会作为全校的最高立法机构和权力机构。评议会由评议员组成，校长是评议会的当然议长。评议员从各科学长和教授中选举产生，每五名教授选评议员一人。全校的最高行政机构是行政会议。行政会议由各专门委员会的委员长和教务长、总务长组成，校长兼行政会议议长。各系成立教授会，规划本系的教学工作。系主任由教授互选，任期二年。教务长由各系教授会主任推选，任期一年。马寅初、顾孟余、胡适都曾被推选为教务长。

蔡元培先生还对北大的学科和课程的设置进行了改革。加强文、理两科。学生实行选科制。本科学生学满 80 个单位（每周一学时，学完全年为一单位）即可毕业，其中一半为必修课，一半为选修课。1920 年 2 月破例准许女生九人在文科旁听，以后又正式招收女生。这在我国高等教育史上是破天荒的创举，影响所及，各地纷纷仿效，开男女同校、教育平等之新风。

蔡元培先生所进行的整顿和改革，有力地推动了北京大学实现从封建学府到近代资产阶级大学的转变。

（选自《蔡元培与北京大学》）

自由讨论之风盛极一时

周培源

尤为重要的是蔡元培先生提倡思想自由，鼓吹科学文明，为一批激进的资产阶级民主派提供了活动的舞台，使北京大学成了新文化运动的中心。他说："我对于各家学说，依各国大学通例，循思想自由原则，兼容并包。无论何种学派，苟其言之成理，持之有故，尚不达自然淘汰之命运，即使彼此相反，也听他们自由发展。"（《我在教育界的经验》）思想自由是对抗文化专制主义的，兼容并包是鼓励新派人物在封建主义的文化堡垒里争夺地盘。实行这个方针为资产阶级新文化的发展开辟了道路。

由于蔡元培先生的提倡与推动，北大的学术研究、自由讨论之风盛极一时。文、理、法各科几乎每周都举办学术讲座，专家学者各显神通。各种社团纷纷成立，著名的有：新闻研究会、哲学研究会、进德会、平民教育讲演团、地质研究会、国民杂志社、新潮社、国故月刊社、孔子研究会、雄辩会、数理学会、书法研究会、画法研究会、技击会、音乐研究会等。蔡元培先生自任新闻研究会会长。当时的北大分新旧两派。这些活动和社团中，贯穿着新派和旧派的斗争。新派人物以陈独秀、李大钊、鲁迅等为主。陈独秀任北大文科学长后，《新青年》杂志社从上海迁来北京。

北大的新派与《新青年》结合在一起，新文化运动壮大了声势。他们喊出文学革命的口号，提倡白话文，高举民主和科学的战旗，对封建文化进行了广泛的批判和猛烈的攻击。陈独秀在回击社会上对新文化运动的责难时，表示了拥护“德”（民主）、“赛”（科学）两先生的坚决态度，说：“若因为拥护这两位先生，一切政府的压迫，社会的攻击笑骂，就是断头流血，都不推辞。”（《〈新青年〉罪案之答辩书》）

与上述革新营垒相对立，以梁漱溟、刘师培、辜鸿铭（拖着长辫子的皇权主义者）等人为主要代表组成了北大的旧派，孔子研究会、国故月刊社是他们的阵地。旧派竭力反对科学和民主，为封建礼教的崩溃哀鸣不已。1919 年 3 月桐城派古文家、封建文化的卫道士林纾带头对新文化运动进行反扑。他在《公言报》上发表了给蔡元培的公开信，攻击北大宣传新文化。他还指使落后学生散播陈独秀、钱玄同等被政府逮捕、被驱逐出北大的谣言。在此同时，北洋军阀政府又指使议员在国会提出所谓弹劾教育部（实即弹劾蔡元培）的议案，为武力镇压新文化运动，镇压北京大学作舆论上的准备。一时间，全国掀起一阵波澜，北大校内人心浮动，新文化运动面临被扼杀的危险。4 月 1 日，蔡元培先生发表《致〈公言报〉函并附答林琴南君函》，驳斥林纾，并进一步申述“循思想自由原则，取兼容并包主义”。李大钊也发表了《新旧思潮之激战》一文，“正告那些顽旧鬼祟抱着腐败思想的人”。在蔡元培、李大钊的推动下，全国新派奋起指斥旧派，声援北大。当时成都《川报》的一读者写道：“我对北京大学的感情，近来极好，心目中总觉得这是现在中国唯一的曙光，其中容纳各派的学说和思想，空气新鲜得很。”在全国的声援下，蔡元培先生采取断然措施：先是在报上发表声明，为驱逐陈独秀、钱玄同事辟谣；后来又出一布告，对于那个投靠林纾、制造谣言又不知悔改的学生，令其退学。在这次新旧思潮的激战中，北大和全国的新派取得了重大的胜利。这一胜利为即将爆发的五四运动鼓舞了士气。

俄国十月革命以后，马克思列宁主义传入中国。马克思列宁主义的传入，给新文化运动注入了新的内容。蔡元培先生的思想自由、兼容并包的方针，对于马克思列宁主义的传播也是有利的。北京大学不仅是新文化运动的中心，也是传播马克思主义的中心。北大最早（也是全国第一个）接受和传播马克思主义的是李大钊同志。1918 年冬，李大钊组织了“马客士（克思）主义研究会”，对外以研究马尔萨斯人口论作掩护。在李大钊的带动下，北大出现了一批努力学习、热心宣传马克思主义的积极分子，其中就有毛泽东同志。后来毛泽东同志回忆道：“当我在北大任图书馆助理员的时候，在李大钊领导之下，我就很快地发展，走上马克思主义之路。”（斯诺《西行漫记》）五四运动以后，马克思主义的传播迅猛发展。1920 年 12 月，由李大钊、费觉天、郭锡良、郛祥提等九人发起，公开成立“北京大学社会主义研究会”。在此同时，由邓中夏、黄日葵、高尚德、何孟雄、范鸿劼等 19 人发起秘密成立“北京大学马克斯（思）学说研究会”。这个研究会到 1921 年 11 月也完全公开了。这两个研究会成立时，都经过蔡元培先生同意，在《北大日刊》上登了《通告》《启示》。蔡先生还同意“北京大学马克斯（思）学说研究会”在北大会议厅开成立大会，并应邀参加，发表了简短的演说。研究会成立后，需要活动场所，蔡先生又同意给两间房子，一间当办公室，一间当图书室。研究会规定每星期六晚举行一次讨论会，每月举行一次演讲会。第一次公开演讲是李大钊的《马克思的经济学说》。研究会还举行不定期的辩论会。有一次辩论的题目是《社会主义是否适合于中国？》，参加辩论会的除北大师生外，还有北京其他高等学校的代表。经过几天辩论，最后请李大钊同志作总结。这次辩论和总结引起许多人研究马克思主义的兴趣。此后，“马克斯（思）学说研究会”的会员增加到六十多人。从 1920 年起，李大钊在北大史学系、经济系、法律系和政治系，先后正式讲授《唯物史观》《工人的国际运动与社会主义的将来》和《社会主义与社会运动》等课程和讲座。这是在我国大学里开设马列主义理论课的最早记录。由于客观形势的推动，由于李大钊、邓中夏等同志的努力，五四运动前后，在北大学习、宣传、研究马克思主义，已经不是分散的、秘密的行动了。马克思主义成为一股强劲的思想激流。在北大的讲坛上、刊物中、社团里，都能闻到它的气息，感到它的存在。在当时反动派到处防范、侦缉“过激主义”“过激党”的社会条件下，北大居然能成为荡漾着马克思主义春风的绿洲，这是与蔡元培先生的开明方针和保护态度分不开的。他说过，如北大“革新一派，即偶有过激之论，苟于校课无涉”，也不必“强以其责任归之于学校”。(《致〈公言报〉函并附答林琴南君函》）蔡元培先生并非马克思主义者，但他允许“过激之论”存在，这就是坚持思想自由、言论自由的原则。

彻底的反帝、反封建的五四运动的爆发，以及北京大学成为五四运动的发源地，都不是偶然的。新文化运动的开展和马克思主义的传播是五四运动的前提。为新文化运动的开展和马克思主义的传播创造了条件的蔡元培先生，对五四运动表示同情和支持是很自然的。第一次世界大战结束以后的巴黎和会，充分暴露了帝国主义的狰狞面目和北洋军阀政府投降卖国的丑恶嘴脸。中国的先进分子开始认识到只有依靠人民的斗争，才能拯救祖国的危亡。1919 年 5 月 1 日当外交失败的消息传开时，中国人民的愤怒像火山一样爆发了。北大一部分爱国师生在西斋举行会议，决定掀起大规模的群众斗争。5 月 3 日蔡元培先生获悉北洋军阀政府已发出密电，命令出席巴黎和会的代表在丧权辱国的条约上签字。蔡先生当即召集北大学生代表，告此消息。当晚，在北大三院礼堂举行全校学生大会，高师（北京师范大学前身）、工业专门、法政专门等校学生代表也应邀参加。会上，慷慨激昂，气氛悲壮，议决：定于次日即 5 月 4 日协同其他兄弟学校齐集天安门举行爱国大示威。5 月 4 日下午各校学生五千人在天安门集会，后来又向曹汝霖住宅进发，痛打章宗祥，火烧赵家楼。反动政府对学生运动进行了镇压，抓走 32 人，其中北大学生 20 人。5 月 6 日，蔡元培先生到警厅以身家作保要求释放学生。7 日，获释。由于这一正义行动，蔡元培先生愈益为北大师生所敬重。

（选自《蔡元培与北京大学》）

“各勉日新志，共证岁寒心”

沈迈士

近百年来，中国贡献给世界教育史的伟大首推蔡元培先生。他那高尚的人格，宏毅的革命精神，广阔的气度，渊博的学识，对中国学术界和教育界都产生了积极深远的影响。当五四前后时，蔡先生在给北大毕业生做纪念品的铜尺上题过两句格言：“各勉日新志，共证岁寒心。”这两句话，是蔡先生给学生的教导，也是他自己一生言行的写照。蔡先生就是能做到这两句的，他是真正做到“身教”“言教”的。对这位老前辈，我是十分景仰的。

能不能和时代进步的洪流一同前进，这是衡量历史人物的重要标志之一。做到“日新”是不容易的，蔡先生是能做到的。我认识蔡先生很晚，是由钱念劬前辈介绍的。那时蔡先生任北大校长。我对蔡先生的经历所知不多，只知他幼年饱读经史百家诗书古籍，是个博学的先辈典型学者。他教过书，到过西欧，曾在德国游学文哲及科学。他虽中过清朝的翰林，授职编修，但不求士禄，毅然从事革新运动，办过报纸鼓吹革命。现在读到《蔡元培年谱》才有了具体事实的认识。如他曾“亲自参加试制炸弹，调停光复会、同盟会的关系，达成革命堡垒内部的团结”。对辛亥革命的作用是巨大的。在孙中山先生辛亥革命时，在南京成立的中华民国政府中蔡先生曾任教育总长，他的事迹是永垂史册的。在五四时期，他声援群众运动。到了晚年，他和宋庆龄先生一起发起“中国民权保障同盟”，营救进步人士。当中国白色恐怖、黑云压城之际，他不计安危，与黄炎培等诸人发起马克思逝世五十周年纪念，称“马克思为一伟大思想家，为近世科学社会主义的始祖”。并在《缘起》文中说：“近年我国以反对共产党之故，辄联而及于马克思之思想等学说，寖且言者有罪，研究者亦有罪，此种观念，亟应打破。”卢沟桥事变后，他极力主张抗战，直到逝世前不久还赋《满江红》词一阕，勉励人民斗志。综合以上这些事迹，虽仅是他的一部分，已可以说明他确实做到了“日新”的。

我在北大文科时，正逢五四运动。当时北京的政治空气污浊，军阀争权，钳制言论，对进步人士和民气压迫，对帝国主义则屈服退让。先生坚持正义，声援学生，开风气之先，做中流砥柱，对全国民气起到维护鼓励的作用。他的功绩是举世钦佩，难能可贵的。

先生在北大时对各种学派、各种思想能涵容包罗，使之各抒所学，互相交流，真有“百家争鸣”的气象。最新的先进的学者如李大钊、陈独秀之研究马列主义，而胡适则介绍美国杜威学说，钱玄同、沈尹默、刘半农等提倡新文学，守旧者如陈汉章、姚叔节、刘师培，以至辜鸿铭亦任讲席。根据蔡尚思的《蔡元培学术思想传记》所记，当时有人向北洋政府献媚，劝说蔡先生辞退陈独秀，约制胡适，先生严正声明：“北京大学一切的事都在我蔡元培身上，与陈、胡等毫不相干。”这是多么勇于为新思想负责的精神！当时学生中思想也甚活跃，蔡先生是热忱培教，深深爱护，造就了不少后起之秀，成为有成绩的学者专家的。在教授方面，为蔡先生器重的李大钊、鲁迅、陈独秀以及一些讲究实学的人中他团结了很多优秀学者，当时除“二周”外，尚有“五马”（马叙伦、马裕藻、马寅初、马衡，还有一位名字我记不清了）“三沈”（沈士远、沈尹默、沈兼士），在国学方面有屠寄、黄侃，都是佼佼者。人才济济，形成当时学府中那样活跃的局面。

由于他自己倾向社会主义，虽然他那时还与马列主义的社会主义有距离，但他支持李大钊等进步学者对马列主义在中国的传播，使百年来寻求救危兴邦拯民于水火之中的有志的人得以找到了真理，提供了有利的条件。

我个人同蔡先生交谈的机会不多，有两件事对我教育很大。其一是谈到教习法文，他说："学法文必须研究法兰西的文学史，要懂得法国文学家的师承流派和他们的代表作的优缺点和时代性。要学法国文学中的活的东西，才能有所借鉴。法国的文学艺术中有很多优美作品，他们爱自由，讲创新，希望你教学时从这方面多留心探讨，学好教好。"这是多么的循循教导！惭愧的是我深负先生厚望，学无所成！然而对他这一指教，我铭记感佩是终生不忘的。其次是有一回我在蔡先生家和他谈话，来了一位客人，提了礼品求见蔡先生。先生严正地没有接待，并把礼物叫人推出大门之外。这种一尘不染、一清如水的作风，在那个人欲横流的黑暗时代，简直是暗夜明星。这虽是一件小事，小中见大，对蔡先生高尚品格是可以见到它的光彩的。这对我亦教育很大。

（选自《怀念蔡元培先生》）

五四新文学的推动者

林焕平

我们这些搞文学的人，虽然现在所讲的文学，已经比五四时代所提倡的新文学，发展到更高的阶段去了。但我们这些年轻学子能够娴熟地运用这么一套来写文章，创作文学，却不能不归功到当时提倡者的功勋。而蔡先生，尤其是其中重要的一位。

五四新文学是现在更高阶段的新文学的垫脚石，抹杀了它，是不合理的。

建立白话新文学的大旗，向封建势力打先锋的，固然是胡适之、陈独秀人等，而不是蔡先生；可是，因此而忽视了蔡先生的功劳，也极不公允。为什么呢？因为当时蔡先生是北大的校长，而新文学运动的大本营，就是北大。当时北大的员生几乎大部分参加了这一运动。当时的封建势力怎样顽固，这是大家都知道的。但曾以前清进士而奔赴东京参加了孙中山先生所领导的同盟会的蔡先生，却以革命家的姿态，宁甘受各方封建顽固分子向北大之总攻击，而自己则同情、帮助和推进了这一运动的开展。固然，五四新文化新文学运动是社会的必然，即当时蔡先生没有让北大做大本营，让北大员生做基干队伍的洪量，这运动也必会从旁的角落爆发。但蔡先生能以全国最高学府来做运动的中心，增加了不少推进力量，这是应该承认的。

当时代表封建势力起来反对白话的先锋是林琴南。他的小说《妖梦》《荆生》等篇，是用最卑陋龌龊的态度与语言来攻击白话的提倡者。尤其是他的《致蔡元培书》简直可以说是旧势力给北大与蔡先生的“哀的美顿书”。林氏以“覆孔孟，铲伦常”，“尽废古书，行用土语为文字”的罪名，威胁北大。蔡先生态度异常坚决，撰《答林琴南书》，力为北大辩护。说：“北京大学教员中，善作白话者，为胡适之、钱玄同、周启明诸君；公何以证知为非博览群书，非能作古文，而仅以白话文藏拙者？胡君家世从学，其旧作古文，虽不多见，然即其所作《中国哲学史大纲》言之，其了解古书之眼光，不让于清代乾嘉学者；钱君所作之《文字学讲义》《学术文通论》，皆古雅之古文；周君所译之《域外小说》则文笔之古奥，非浅学者所能解。然则公何宽于《水浒》《红楼》之作者，而苛于同时之胡、钱、周诸君耶？”

当时蔡先生治北大的态度，他在《答林琴南书》里自白道：

“至于弟在大学，则有两种主张如下：（一）对于学说，仿世界各大学通例，循‘思想自由’原则，取兼容并包主义，与公所提出之‘圆通广大’四字，颇不相背也；无论有何种学派，苟其言之成理，持之有故，尚不达自然淘汰之命运者，虽彼此相反，而悉听其自由发展。……（二）对于教员，以学诣为主；在校讲授，以无背于第一种主张为界限；其在校外之言动，悉听自由，本校从不过问，亦不能代负责任；例如复辟主义，民国所排斥也，本校教员中，有拖长辫而持复辟论者，以其所授为‘英国文学’，与政治无涉则听之；筹安会之发起人，清议所指为罪人者也，本校教员中有其人，以其所授为古代文学，与政治无涉则听之。”

蔡先生以这样的态度与理由，而答林氏对北大的攻击说：

“然则革新一派，即偶有过激之论，苟于校课无涉，亦何必强以其责任归之于学校耶。”

（蔡先生这种自由主义学者的态度，几乎直至于死都保持着的。这一点，非但足以帮助我们理解他在北大推进白话运动，也可以帮助我们理解和评价他的为人。）

蔡先生非但“纵容”北大员生做这运动，他自己也极力主张。他在女子高等师范学校演讲《国文之将来》说：

> 国文问题，最重要的，就是白话与文言的竞争。我想将来白话派一定占优胜的。白话是用今人的话，来传达今人的意思，是直接的。文言是用古人的话，来传达今人的意思，是间接的。间接的传达，写的人与读的人，都要费一翻译的工夫，这是何苦来？从前的人，除了国文，可算是没有别的功课。从六岁起，到二十岁，读的写的，都是古人的话，所以学得很像。现在应学的科学很多了，要不是把学国文的时间腾出来，怎么来得及呢！而且从前学国文的人，是少数的，他的境遇，就多费一点时间还不要紧。现在要全国的人，都能写能读，哪能叫人人都费这许多时间呢？
>
> 有人说：文言比白话有一种长处，就是简短，可以省写读的时间。但是脑子里翻译的时间可以不算吗？
>
> 可见由间接的，趋向直接的，是无可抵抗的，我们怎能抵抗它呢？

蔡先生自己既有这样积极的意见，则他之扶翼北大员生的白话运动，是当然的了。所以，我们说蔡先生是五四新文学运动的重要功勋者之一。

（选自《蔡元培与新文学》）

春风化雨之教

冯友兰

蔡元培先生是中国现代最大的教育家。这句话并不是泛说，这是我从和他直接接触的感受中所得的结论。

我于 1915 年到北大，在文科中国哲学门中当学生。蔡先生在 1917 年初到北大当校长。有一天，我在一个穿堂门的过道中走过，蔡先生不知道有什么事也坐在过道中，我从这位新校长身边走过，觉得他的蔼然仁者、慈祥诚恳的气象，使我心里一阵舒服。我想这大概就是古人所说的春风化雨吧。蔡先生一句话也没有说就使我受到了一次春风化雨之教，这就是不言之教。不言之教比什么言都有效。

1918 年，我有一件事需要北大的证明书，时间紧迫，照正常手续办来不及了，我决定直接去见校长。校长室单独在一个大院子中，我走进院门，院子中一片寂静，校长室的门虚掩着，门前没有一个保卫人员，也没有服务人员。我推开门走进去，外间是一个大会客室兼会议室。通往里间的门也虚掩着，门前没有秘书，也没有其他职员。我推开门进去，看见蔡先生一个人坐在办公桌前看文件。我走上前去，站在他的身旁，他亲切地问："有什么事吗？"我把一封已经写好的信递过去，他看了信说："这是好事，当然出证明书。"我说："请校长批一下！"他提起笔批了几个字，亲切地交代说："你拿着这个到文书科，叫他们开一个证明书。"我就退出来到文书科去了。我进去和退出这一段时间内没有看见第二个人，当时我想，蔡先生以校长之尊，不要校长排场，也不摆校长架子。他一个人坐在校长室里，仍然是一个寒儒，书生本色，办事从容不迫，虽在事务之中，而有超乎事务、萧然物外的气象，这是一种很高的精神境界。蔡先生在几分钟之内不但解决了我的问题，也把我引到了这个境界的大门口。

事后，有同学告诉我说，文书科的人说，是你越级，学校要有处置，我说："蔡先生到北大是来办教育，不是来做官。我是他的学生，不是他的下级，有什么越级不越级的。"我一笑置之。当时大多数的学生及社会一般人都知道，蔡先生到北大并不是来做官的，当校长并不违反他的"三不主义"（"三不"的第一"不"是不做官）。

1921 年，蔡先生以北大校长的资格到欧洲和美洲参观调查，当时，我在纽约哥伦比亚大学毕业生院学习。在纽约的北大同学会，听说蔡先生要从伦敦到纽约，就组织了一个接待委员会，我也是委员之一，我们到纽约的码头上迎接蔡先生。只见他仍然是一介寒儒，书生本色，没有带秘书，也没有带随从人员，那么大年纪了，还是像一个老留学生，一个人独往独来。他不惊动纽约的中国领事，也不惊动驻华盛顿的中国使馆的外交人员，住在哥伦比亚大学附近的小旅馆内，和同学们在一起。一些生活上的事务都由接待委员会经理。

有一个中国的中年教育工作者，当时也在哥伦比亚大学进修。她公开地说："我算是真佩服蔡先生了。北大的同学都很高傲，怎么到了蔡先生的面前都成了小学生了。"

在纽约的中国留学生为蔡先生开了一个欢迎会，会场设在哥伦比亚大学的一个大教室内，到会的人很多，座无虚席。蔡先生一进了会场的门，在座的人呼的一声都站起来了，他们的动作是那样的整齐，好像是听到一声口令。其实并没有什么口令，也没有人想到要有什么口令，他们每一个人都怀着自发的敬仰之心，不约而同地一起站起来了。蔡先生在发言中讲了一个故事，说是一个人的朋友得到了神仙的法术，能点石成金。这个朋友对这个人说：我能点石成金，你要多少金子，我都点给你。这个人说：我不要金子，我只要你那个手指头。全场哄然大笑。蔡先生接着说："诸位同学到国外留学，学一门专业知识，这是重要的。更重要的是要得到那个手指头，那就是科学方法。你们掌握了科学方法，将来回国后，无论在什么条件下，都可以对中国做出贡献。"蔡先生的慈祥诚恳的气象和风趣的言语，使几百个到会的人都高高兴兴地满意而去。

我想他们是应该满意的。他们也享受了一次春风化雨，也被蔡先生引到一种精神境界的大门口，如果他们有足够的自觉，他们也会这样说。

后来我的学习深入了一步，对于这种精神境界的内容也逐渐有所认识，有所理解，有所体验。我用中国传统哲学中的一句成语把它总括起来，这句成语是"极高明而道中庸"。我很欣赏宋朝道学家程明道的一首诗，诗说："年来无事不从容，睡觉东窗日已红。万物静观皆自得，四时佳兴与人同。道通天地有形外，思入风云变态中。富贵不淫贫贱乐，男儿到此自豪雄。"这首诗的第一、二句是说他的生活状况，第三、四句是说"道中庸"，第五、六句是说"极高明"，第七、八句是说到了这个地步就可以成为孟子所说的"大丈夫"。我认为，蔡先生的精神境界和气象，是和程明道相类似的。现代的人谁也没有见过程明道，但是，他的学生们所形容的话是有记录的，我是把这些记录和我心目中的蔡先生相比较而说上边那句话的，相信不会有大错。

清朝末年，废除了科举，但到了民国初年，科举的遗毒还没有清除。人们还是把当时的学堂的等级比附为科举中的等级。人们把县立的高等小学毕业生比附为秀才，把省立的高等学堂的毕业生比附为举人，把京师大学堂的毕业生比附为进士。清末成立的京师大学堂就是北大的前身。我进北京大学的时候，北京的人还称它为大学堂，当时北大的大部分学生和他们的家长们，都还认为上北京大学就是要得到一个“进士出身”，为将来做官的正途。当时的北大学生都想着，来上学是为了混一个资格，为将来做官准备。北大无形中是一个官僚养成所，当时法科是一个热门，因为人们认为上法科到做官是顺理成章的，文科是一个最冷的冷门，因为人们都不清楚文科究竟是干什么的。

蔡先生到北大首先聘任陈独秀为文科学长，这个布告一出来，在学生中引起了很大的震动，因为陈独秀显然不是一个准备做官的人。在陈独秀身上，人们也逐渐了解文科是做什么的了。

蔡先生在为文科换了新学长之后，又陆续聘请了全国在学术上有贡献的知名学者，到北大开课，担任教师，学生们觉得学校的学术空气日新月异，也逐渐认识到大学的任务是研究和传授学术的地方。在大学中唯一的价值标准是学术，谁在学术上有贡献，谁就受到尊敬。混资格准备做官的思想逐渐没有了，新的学风树立起来了。当时有一句口号：为学术而学术。这个口号在解放后受到了批判。其实这一口号所反对的是为做官而学术，这在当时是切中时弊的。

照着这个价值标准，蔡先生在聘请教师的时候，不论一个人的政治派别和政治意见，只要他在某一个专业上有贡献，有地位，就请他来开课，担任教师，这就是所谓“兼容并包”，这是众所周知的，不必多说了。

兼容并包的另一方面，是对于老、中、青的兼容并包。蔡先生聘请教师，不论资排辈。所聘请的教师中有六七十岁的老师宿儒，也有初露头角的青年。在当时的教师中，大多数是中、青年，有些学生的岁数比有些教师还大。有一批教师是卯年生的，被称为兔子党。在干支轮换的那一轮中，卯年生的人在1918年是28岁。

在这两方面的兼容并包中，蔡先生把在当时全国的学术权威都尽可能地集中在北大，合大家的权威为北大的权威，于是北大就成为名副其实的最高学府，其权威就是全国最高的权威。在北大出现了百家争鸣、百花齐放的局面，全国也出现了这种局面。

在蔡先生的领导下，北大的这种局面是有方向的，有主流的，那就是新文化运动。

在第一次鸦片战争失败以后，先进的人们都承认要向西方学习，学习西方之所长，以救亡图存，但是，究竟什么是西方之所长呢，则有不同的说法，政治上也出现了不同的派别。经过了半个多世纪的经验，到了民国初年，对于西方之所长才有比较全面和深入的认识，认为西方之所长虽有许多方面，但其根本在于文化，其具体的内容是民主与科学。对于西方的摸索，是摸到底了，话也说到家了，所需要的是照着这个线索努力创造中国新文化。这个努力就表现为新文化运动。

蔡先生到北大首先发表的是聘请陈独秀为文科学长，就明显地支持了这个方向，确定了这个主流。这个布告一发表，学生们和社会上都明白了，有些话就不必说了，都不言而喻了。以后，蔡先生又陆续请来了当时致力于新文化的各方面的领导人物，如李大钊、鲁迅、胡适等，使他们聚集到北大，用北大的讲坛发表言论，扩大影响，于是北大就不仅是全国的最高学府，而且是新文化运动的中心。

蔡先生是这个中心的主将。这位主将高举新文化运动的大旗，领导着北大走在前边，影响所及，全国向往。

蔡先生这位主将，在关键性的时刻，也亲自出马，亲自动笔写文章。他回答林纾的长信和为胡适《中国古代哲学史大纲》写的长序，都是这一类文章的代表作。前者是批判旧的东西，后者是支持新生的事物。

这个运动像潮水一样，一浪高过一浪，到了 1919 年的五四达到了一个高潮，人们现在都把五四运动作为新文化运动的同义语，这是笼统的说法，详细地说，五四运动是新文化运动的一个段落，若论新文化运动的起源应该从 1917 年初蔡先生到北大当校长那一天算起。

从 1917 年到 1919 年仅仅两年多时间，蔡先生就把北大从一个官僚养成所变为名副其实的最高学府，把死气沉沉的北大变成一个生动活泼的战斗堡垒。流风所及，使中国出现了包括毛泽东同志在内的一代英才。用旧日的话说，他是中国的一代宗师，用现在的话说，他是中国现代的大教育家。

蔡先生的教育思想有两个大端，一个是春风化雨，一个是兼容并包。依我的经验，兼容并包并不算难，春风化雨可真是太难了。春风化雨是从教育者本人的精神境界发出来的作用。没有那种精神境界，就不能发生那种作用，有了那种精神境界，也不能不发生那种作用，这是一点也不能矫揉造作，弄虚作假的，因为一有矫揉造作，弄虚作假，他的精神境界就不是那种精神境界了。也有人矫揉造作，自以为装得很像，其实，他矫揉造作，人们就越看出他在弄虚作假。他越自以为很像，人们就越看着很不像。

蔡先生是中国现代的大教育家，这是人们所公认的。我在“大”字上又加了一个“最”字，因为一直到现在我还没有看见第二个像蔡先生那样的大教育家。

（选自《我所认识的蔡校长孑民先生》）

学人·通人·超人

梅恕曾

我是民国八年到十一年在北京大学念书。在校的时间只有三四年，跟蔡先生见面的机会很少。我想今天在座的同学都会有同感。那时北大全校有三千多人，平日师生不大有什么往来，跟校长的接触那就更少了。我在学校中感觉到蔡先生有几点为他人所不及的。

蔡先生对北大的改革与贡献

第一，他主张思想学术自由。在当时北大的老师之中，有无政府主义者，如李石曾先生；有后来成为共产党员的如文科学长陈独秀和李大钊；还有保皇党，如辜鸿铭先生。所以说蔡先生主张思想自由，只要学有专精，足为传道授业，不管他们的思想如何，北大都能容纳他们讲学。

第二，蔡先生的气度宏伟，对学校的事情他公正无私，包罗万象。当时在北大里面，有尊孔的，也有反孔的；他都容纳。他并且招收女生，男女同学。当时北京的高师，分男女两校，门禁森严。今北大居然招收女生，男女同校，在当时的社会是一件很新奇的事。蔡先生这一举措，打破了一般人的旧观念，也改革了社会的风气。

第三，改革学制。他把预科改为两年，本科则改为四年，取消了预科独立的状态。此外他把原来的学门改为系。其次就是延聘国外著名学者来讲学，如著名的哲学家杜威和罗素，都曾到北大讲学。这种盛况为其他学校所无。另外还有一个重要改革是教授治校。他组织一个教授会议，学校的重大事情如延聘教授、人事升迁，都需经过教授会议决定，这是一种校内的民主制度。还有一点是蔡先生提倡美育，主张以美育代宗教，注重音乐、美术、绘画的教育和修养。他并且在北大成立学生军，聘请蒋百里先生和黄膺白先生为教官。我就是学生军之一，同学延国符身材高大，是学生军中最高的，我们喊他作军长。

蔡先生助我赴德留学

第四，我觉得蔡先生平易近人，我在民国十一年得到四川省官费，预备赴欧留学。我们经济系的系主任顾孟余先生（时兼教务长）要我去看校长蔡先生。蔡先生问我去哪一国留学。我说去德国。他说，那很好，你这回去欧洲，我给你介绍两个人，他亲笔写信给我，在德国他为我介绍朱骝先先生，在法国介绍的是褚民谊。他又问我预备进什么学校。我说到了德国再决定。他就向我建议，要我进耶纳（Jena）大学，他说他就是耶纳大学出身，并为我打电报到耶纳大学去商洽。于是我到了德国就进入耶纳大学攻读，住了两年。由此可见蔡先生对后进的指导和关切。而且我是四川人，四川差不多是属于边远省份，可说是边区学生，而蔡先生身为国立大学校长，又曾做过教育总长，党国要人，领袖群伦，但当我谒见他时，他一见我就站起来，站了老半天也不坐下。他替我写的介绍信，“蔡元培”三字写的是楷书。由此可见其毫无架子，非常谦和，平易近人。他这一点给我的印象非常深刻，感念无已。

1922 年我到了德国。1924 到 1925 年蔡先生也到了欧洲，参加在史特拉斯堡（Strasbourg）召开的美术会议，有电召我前往。（史特拉斯堡在德法交界处，属于阿尔萨斯州，欧战前属德国，战后交还法国，今仍属法国。）我在史堡还见到魏道明先生和郑毓秀女士等。蔡先生非常关心我们，问我们在德国的生活情形。我就说，在德国读书最大的困难是语言；其次是经济问题，我是四川的官费生，但是川省多战事，尤其在邓锡侯是当时的省长，官费时常不能准时兑到。蔡先生就说，那你怎么办呢？我说我给《国闻周报》当通讯记者，赚些稿费。

以上简略地谈谈我跟蔡先生接触的经过。现在有人称蔡先生为“一代完人”，又说他是“学人兼通人”。我觉得蔡先生可称为一个“超人”。我跟他接触不过四五次，他对我们后进的指导也极其殷切，但我发觉他始终非常超然，所以我称他为“超人”。

（选自《学人·通人·超人》）

开中国学术界新纪元

吕思勉

自西力东侵以来，新旧相形，情见势绌，正是我国的文化，需要一个大变动的时期，中国却迟迟未能走入此路。清代考据之学，极为兴盛，其人实自视为无用之学（他们至多谓非借重于此，则不能知圣人之道而已，并不敢以知圣人之道自居，即此就比宋学家自视欿然得多了）。不过因深嗜笃好，不能自已而为之，此种精神，颇与近代科学精神相契合，倘使中国的学者，能本此精神，以治近代的新科学，必能有所发明，至少亦能尽量输入。无如向来有学问的，多不通外国语言文字；通外国语言文字的，又多不懂得学术。教会所翻译的书籍，则与国人机缘不相契，不能引起研究的兴味。而尽瘁于旧学的人，因时局的紧张，反有舍弃其纯粹治学的精神，而趋向于应用之势。试看嘉道以后，古文经之学转变而为今文，由庄刘而龚魏，由龚魏而廖康，梁任公是爱好考据的人，其早年的议论，却力诋考据之学为破碎无用（在清末，梁氏发行《新民丛报》时，此等见解，尚变化未尽），便可知此中消息。职是故，中国近代需要纯科学甚亟，中国近代学者的精神，其去纯科学反愈远，这是一个很严重的问题。看似无关实际，其实此为整个民族趋向转变的一个大关键，非此中消息先有转变，时局是不会有转机的。

当此之时，最为需要的，是有力的登高一呼，最适宜于负此责任的，自然是国立大学，然而国立的学校，往往是奄奄无生气的，甚而至于是守旧顽固，与新机为敌的。于此，孑民先生的功绩，就不可没了。在他主持北京大学以前，全国的出版界，几乎没有什么说得上研究两个字的（自然指书店而言，但私人自行刊印，在此时代，根本不会发生什么影响），不是肤浅的政论，就是学校教本，或者很浅近的参考用书。当这时代，稍谈高深学术，或提倡专门研究，就会被笑为不合时宜。此种风气，在今日年在三十左右的青年，都不会知道了，这就是受孑民先生之赐。在于我，则是在三十五岁以前，时常是听到此项议论的，还记得在民国八九年之间，北京大学的几种杂志一出，若干的书籍一经印行，而全国的风气，为之幡然一变。从此以后，研究学术的人，才渐有开口的余地，专门的高深的研究，才不为众所讥评，而反为其所称道。后生小子，也知道专讲肤浅的记诵，混饭吃的技术，不足以语学术，而慨然有志于上进了。这真是孑民先生不朽的功绩。《秦誓》曰："若有一介臣，断断兮，无他技，其心休休焉，其如有容。人之有技，若己有之，人之彦圣，其心好之，不啻若自其口出，实能容之，以能保我子孙黎民，当亦有利哉！"这几句话，现在看来，似极陈旧了，其实所谓休休有容之度，不论做什么事，都极紧要的。唯如此，才能用天下之才而不仅自用，须知一个人的聪明才力总是有限的，"自用则小"，虽出于伪古文《尚书》，确是名言至理。所以鲁欲使乐正子为政，孟子曰："吾闻之，喜而不寐。"问起他的理由来，则是"其为人也好善"。再追问他的理由，则是"人将轻千里而来，告之以善"。孑民先生主持北大，所以能为中国的学术界开一新纪元，就由其休休有容的性质，能使各方面的学者，同流并进，而给予来学者以极大的自由，使其与各种高深的学术，都有接触，以引起其好尚之心。讲学看似空虚无用，其实风气的转变，必以此为原因。风气是推动时代的巨轮，风气一转变，就无论什么事情，都转变了。这真是昔人说璇机，所谓"其机甚微，而所动者大”。有康长素先生的私人讲学，然后有甲午战后风气的转变；有蔡孑民先生的主持北京大学，然后有五四运动以来风气的转变。将来作中国史的，必以此两位先生为推动时代的巨擘，虽然现在各人的爱恶不同。

（选自《蔡孑民论》）

第　四　辑

儿童教育：
“与其求划一，毋宁展个性”

家庭教育对于儿童至关重要

蔡元培

自来言教育者，莫不以家庭教育为重大问题。然求之实际，往往不逮所望：为父母者未必解教育之理，一也；囿于职务而无暇为教育子女之准备，二也；家庭之习惯，在成人行所无事，而或有害于儿童之心理，三也。自物质文明之发展，生存竞争之增剧，而家庭教育之实行，益多障害。富者以图逸乐、逐酬应之故，而委其子女于保姆。贫者以谋生计、操家政之故，而放任子女于自由。是以有幼稚园之教育。且创立之始，大抵为三岁以上之儿童而设，而今则大都会兼为一岁以上之儿童设之，其为鉴于家庭教育之不可能，而以是补充之，彰然可见也。

虽然，中国古语有云：教子婴孩。未及一岁之儿童，果可于其体育、德育之事，一不措意乎？且中国古代，尝有胎教之制。汉儒刘向（西历前一世纪人）于所作《列女传》中，言之曰：古者，妇人妊子，寝不侧，坐不边，立不跸，食不邪味，割不正不食，席不正不坐，目不视于邪色，耳不听于淫声，夜则令瞽诵诗，道正事。如此，则生子形容端正，才必过人矣。又言：周文王之母大任（西历前十三纪顷）有娠，目不视恶色，耳不听淫声，口不出恶言，能以胎教。夫人类遗传之规则，胎儿灵性之有无，在今日虽尚为聚讼之问题，然孕妇之疾病、羸弱与夫非常之激动，不能不影响于胎儿，为生理上所可信；体魄与心灵有密切之关系，又为近世所公认者；然则胎教之说，当亦不无假定之价值也。于是由幼稚园之命意而推究之，见有不可不扩充者二：

一曰未及一岁婴儿之保育所。凡此等婴儿之生而无母或其母有故不能自育者，以曾受特别教育之保姆育之，所不待言；即有母而且能自育者，亦得携儿而来，于适宜之建筑，循普通之规则，而无以生计家政之属分其心。

二曰孕妇摄养所。其建筑，其陈设，其间起居、饮食之规则，劳逸之条件，所展览之图书，皆参合卫生术、美学、教育学之原理而规定之。凡孕妇皆得居焉。其贫者且得以公费协助其生计焉。斯二者，在殷实之都市，力足以创举之，使教育家得缘是而增一种之实验。验之而有益，则他日以渐推广，或如今日之幼稚园，未可知也。

（选自《一九〇〇年以来教育之进步》）

慈幼事业，以养与教为最要

蔡元培

古人说："敬老慈幼。"又说："老者安之，朋友信之，少者怀之。"或对两方面说话，或对三方面说话；而我等特别注重慈幼，何故？人生少、壮、老三段，可以代表过去、现在、未来。老年是已经尽过义务而将要退休的，可代表过去；壮年是正在负责任的时期，可代表现在；幼年是预备担当将来的事业的，可代表未来。

文化较低的民族，往往知有现在，不顾将来；文化渐进，则预计将来的思想，益益发达。古人说："一年之计树谷，十年之计树木，百年之计树人。"三句都是为将来预备的计划，所计愈久，所得愈多。我们家乡有一句骂人的话，说是"吃子孙饭"，是说此人作恶多端，使子孙不能在社会立足，就是他把子孙要吃的饭，都吃尽无余，就是牺牲将来以快现在，如蛮横的结怨，荒唐的负债，都属于此一类。反之，牺牲现在以利将来，以父母之于子女为最真切。若能"幼吾人之幼以及人之幼"，则一切儿童，都得以子女视之。

我记得民国九年曾到维也纳，尔时大战初停，奥国人的经济非常困难，维也纳设有育婴堂多处，均由美国人捐款设立；市中牛乳，须先尽育婴应用，如有余，始送给普通人。可以见慈幼之重要。

至于慈幼事业，自然以养与教为最要。养之为道，须依据卫生原则，食物的种类与分量，衣服的厚薄与宽紧，运动与睡眠的调剂，都不可以溺爱之故而有所偏重，尤不可以繁忙之故而掉以轻心，对于家中之子女固然，对于育婴堂、托儿所等等之儿童亦然。至于教，则未及学龄儿童，当然不能入学校，或且不能入幼稚园，所受教育，全是家庭之父、母、兄、姊与公共机关之保姆，而时时接触之人物，亦均为其师保，均当以身作则，无疾言遽色，无粗暴之举动，养成慈祥恺悌之习惯；其他体育、智育，均当按其年龄而施之。

本会对于儿童，虽未能一一与之接近，然对于负保育儿童责任之个人或团体，时时予以辅助，间接的尽对于将来之责任，亦聊以慰吾人幼幼之本心云尔。

（选自《中华慈幼协会六周年纪念会演说词》）

本乎自然，不墨守成规

蔡元培

夫新教育所以异于旧教育者，有一要点焉，即教育者非以吾人教育儿童，而吾人受教于儿童之谓也。吾国之旧教育以养成科名仕宦之材为目的。科名仕宦，必经考试，考试必有诗文，欲作诗文，必不可不识古字，读古书，记古代琐事。于是先之以《千字文》《神童诗》《龙文鞭影》《幼学须知》等书；进之以四书、五经；又次则学为八股文、五言八韵诗；其他若自然现象、社会状况，虽为儿童所亟欲了解者，均不得阑入教科，以其于应试无关也。是教者预定一目的，而强受教者以就之；故不问其性质之动静、资禀之锐钝，而教之止有一法，能者奖之，不能者罚之，如吾人之处置无机物然，石之凸者平之，铁之脆者煅之；如花匠编松柏为鹤鹿焉；如技者教狗马以舞蹈焉；如凶汉之割折幼童，而使为奇形怪状焉；追想及之，令人不寒而栗。新教育则否，在深知儿童身心发达之程序，而择种种适当之方法以助之。如农学家之于植物焉，干则灌溉之，弱则支持之，畏寒则置之温室，需食则资以肥料，好光则复以有色之玻璃；其间种类之别、多寡之量，皆几经实验之结果，而后选定之；且随时试验，随时改良，绝不敢挟成见以从事焉。故治新教育者，必以实验教育学为根底。实验教育学者，欧美最新之科学，自实验心理学出，而尤与实验儿童心理学相关。其所试验者，曰感觉之阈，曰感觉之分别界，曰空间与时间之表象，曰反射，曰判断，曰注意力，曰同化作用，曰联想，曰意志之阅历，曰统觉，凡一切心理上之现象皆具焉。其试验之也，或以仪器，或以图画，或以言语，或以文字。其所为比较者，或以年龄，或以男女之别，或以外界一切之关系，或以祖先之遗传性，因而得种种普通之例，亦即因而得种种差别之点。虽今日尚未达完全之域，然研究所得，视昔之纯凭臆测者，已较有把握矣。

因而知教育者，与其守成法，毋宁尚自然；与其求划一，毋宁展个性。请举新教育之合于此主义者数端。一曰托尔斯泰（Tolstoy）之自由学校，其建设也，尚在实验教育学未起以前，乃本卢梭、裴斯泰洛齐、弗罗贝尔等之自然主义而推演之者；其学生无一定之位置，或坐于凳，或登于桌，或伏于窗槛，或踞于地板，惟其所欲；其课程亦无定时，惟学生之愿，常以种种对象间厕而行之；其教授之形式，惟有问答。闻近年比利时亦有此种学校，鄙人欲索其章程，适欧战起，比为德所据，不可得矣。二曰杜威（Dewey）之实用主义，杜威尝著《学校与普通生活》一书，力言学校教科与社会隔绝之害；附设一学校于芝加哥大学，即以人类所需之衣、食、住三者为工事标准，略分三部：一曰手工，如木工、金工之类；二曰烹饪；三曰缝织，而描画模型等皆属之；即由此而授以学理，如因烹饪而授以化学，因裁缝而授以数学，因手工而授以物理学、博物学，因原料所自出而授以地学，因各时代各民族工艺若服食之不同而授以历史学、人类学等，是也。三曰蒙台梭利之儿童室，即特设各种器具以启发儿童之心理作用者，是也；吾国已有译本，想诸君已见之。四曰某氏之以工作为操练说，此说不忆为何人所创，大约以能力说为基础。能力者，西文所谓energy也，近世自然哲学，以世界一切现象，不外乎能力之转移，如燃煤生热，热能蒸水成汽，汽能运机，机能制器；即一种能力之由煤，而热，而汽，而机，而器，递相转移也。惟能力之转移，有经济与不经济之别，如水力可以运机发电，而我国海潮瀑布之属皆置而不用，是即不经济之一端也。近世教育，如手工图画等科，一方面为目力手力之操练，而一方面即有成绩品，此能力转移之经济者也。其他各种运动，大率止有操练，并无出品，则为不经济之转移。若合个人生理及社会需要两方面而研究之，设为种种手力足力之工作，以代拍球蹴球之戏；设为种种运输之工作，以利用竞走竞漕之役；则悉于体育之中，养成勤务之习惯，而一切过激之动作，凌人之虚荣心，亦可以免矣。其他类是之新说，为鄙人所未知者，尚不知凡几，亦足以见现代教育界之进步矣。吾国教育界，乃尚牢守几本教科书，以强迫全班之学生，其实与往日之《三字经》、四书、五经等，不过五十步与百步之相差。欲救其弊，第一，须设实验教育之研究所；第二，教员须有充分之知识，足以应儿童之请益与模范而不匮；第三，则供给教育品者，亦当有种种参考之图画与仪器，以供教员之取资。如此，则始足语于新教育矣。

（选自《新教育与旧教育之歧点》）

贫儿院与贫儿教育

蔡元培

贫儿是没有受家庭教育的机会，所以到院。这原是他们的不幸。但鄙人对于家庭教育很有点怀疑。第一层：教育是专门的事业，不是人人能担任的。譬如诸位有一块美玉，要琢成佩件，必要请教玉工。又如有几两黄金，要炼成首饰，必要请教金工。断不是人人自作的。现在要把自家子女造成适当的人物，敢道比琢玉炼金容易，人人可以自任的吗？第二层：有子女的人，不是人人有实行教育的时间。男子呢，莫不有一定职业，就每日有一定做工的时间。做工完毕了，还有奔走公益的，应酬亲友的，随意消遣的。请问每日中有多少时间可以在家与他的子女相见？妇人呢，或是就职业，或是操家政，也有讲应酬好消遣的，请问每日中有多少时间可以专心对付她的子女？所以有钱的就把子女交给没有受过教育的仆婢，统统引诱坏了；没有钱的就听子女在家里胡闹，或在街上乱跑。父母闲暇了，高兴了，子女就有不好的事，也纵容他；忙不过来了，不高兴了，子女就有好的事，也瞎骂一阵，乱打几拳。这又是大多数父母的通病了。而且现在的家庭对于儿童可以算好的榜样吗？正经的父母不知道儿童性情与成人大有不同，立了很严规矩，要儿童仿作，已经很不相宜了。还有大多数的父母夫妇的关系、兄弟妯娌的关系、姑嫂的关系、主仆的关系、亲戚邻居的关系，高兴了就开玩笑，讲别人的丑事；不高兴了，相骂相打。要是男子娶了妾，雇了许多男女仆，那就整日的演妒忌猜疑的事，甚且什么笑话都可以闹出来。这可以做儿童的榜样吗？兼且成年的人爱看的书报与图画，爱听的笑话与鼓词，不免有不宜于儿童的，父母看了听了，可以不到儿童的耳目吗？有许多儿童都是受了家庭不好的教育，进学校后很不容易改良。所以我对于家庭教育很有点怀疑。

我们古代的大教育家，要算是孔子、孟子。孔子有一个学生叫陈亢，疑孔子教训儿子总比教训学生有特别一点的。有一日问着孔子的儿子伯鱼。照伯鱼对答的：有一次遇见了他的父亲，问他学了诗没有。他说没有学。他的父亲就说了不学诗的短处。又有一次遇见了他的父亲，问他学了礼没有。他也说没有学。他的父亲就说了不学礼的短处。陈亢恍然大悟，知道君子是疏远他的儿子呢。孟子有一个学生，叫公孙丑，有一日问道："君子为什么不亲自教他的儿子？"孟子答道："办不到。教他必用正道。教了不听，必要怒。怒了便伤了父子的感情。万一儿子想着父亲教我的，他自己也还没有做到，这更是彼此互相责备，更坏了。所以古人用交换法把自己的儿子请别人教，反替别人教他的儿子呵。"照此看来，圣如孔子，贤如孟子，尚且不敢用家庭教育，何况平常人呢？

所以我的理想：一个地方必须于蒙养院与中小学校以外，有几个胎教院、几个乳儿院，都由专门的卫生家管理。胎教院的设备，如饮食、器具、花园、运动场、装饰的雕刻与图画、陈列的书报、都是有益于孕妇的身体与精神的。因为孕妇身体上受了损害，或精神上染了污浊，都要害及胎儿的。乳儿院的设备，必须于乳儿的母亲身体上、精神上都是有益的。要是母亲有了疾病，或发了邪淫、愤怒、悲愁的感情，都是害及乳儿的。有了这种设备，不论哪个人家，要是妇人有了孕，便是进胎教院。生了子女，便迁到乳儿院。一年以后，小儿断乳，就送到蒙养院受教育，不用他的母亲照管。他的母亲就可以回家，操她的家政，或营她的职业了。

现在还没有这种组织，运动别人，别人也不肯信。我想先从贫儿院下手。要是贫儿院试办这种事情很有成效，那就可以推广到不贫的儿童了。这是我的第一种希望。

美国大教育家杜威博士，不久要来中国。他创了一种很新的教育主义，是即工即学，是要学校生活与社会生活密接。曾在雪卡哥大学附设一个学校试验过，很有成效。我于民国元年在南京发表一篇《对于教育方针之意见》，曾于实利主义一节中介绍过。去年在天津青年会演讲《新教育与旧教育之歧点》，又介绍过一回。他的即工即学主义，是学生只需做工，一切学理就在做工的时候指点他，用不着什么教科书。我但用贫儿院已设的烹饪、裁缝、木器与地毡四项工作做个比例，就容易明白了。这四项的原料都是动植物，便可以讲生物学。这四项的工具都是矿物做成的，便可以讲矿物学、地质学。做这四项工作的时候，或用热度，或用手力，或用机械，或用电磁，就可以讲物理学。食物的调和，衣服的漂白与渲染，木器的油漆，都与化学有关，便可以讲化学。食物的分量，衣服的尺寸，木器各方面的比例，地毡与房屋的配合，各种原料与工具的购入，各种成绩品的出售，都要计算、记录，便可以讲数学与簿记法。指明原料出产的或成绩品出售的地方，比较各民族饮食、衣服、器具的异同，便可讲地理学与人类学。比较古今饮食、衣服、器具的异同，便可讲历史学。做工要勤，要谨慎，要有进步，要与同作的学生互相帮助。这四项工作以外，有休息，有共同的运动，又有洗濯食器与衣服、整理被褥、洒扫堂室、应对宾客等杂务，便可以讲卫生与修身。就食物的装置、衣服与器具的形式与色彩，可以讲美学与美术。就贫儿以往的苦痛，现在的安乐，将来的希望，也可以讲点哲学。把一切经过的情形，或教习的言语叫各人写出来，便可以练习国文或外国文。诸位看！照此办法还要用什么教科书吗？还要聚了几十个学生在教室里面，各人对了一本书，听教习一句一句的呆讲么？但这种学校生活与社会生活密接的组织，不但我们中国人没有肯办的，就是办了，也怕没有人肯送他的子弟来。因为中国人现在还叫进学校作读书，要是到校以后，只有工作，没有读书，就一定不赞成了。现在贫儿院既有工作，何不把上午的读书省却，匀派在工作的时间，来试试杜威博士的新主义呢？要是试了有成效，就可以劝别的学校也来试试。这是我第二种的希望。

我国人不许男女间有朋友的关系，似乎承认“男女间只有恋爱的关系”，所以很严地防范他。既然有此承认，所以防范不到处，就容易闹笑话了。欧美人承认男女的交际，与单纯男子的或单纯女子的，完全一样。普通的交际与友谊的关系隔得颇远，友谊的关系与恋爱的关系，那就隔得更远了。他们男女间看了自己的人格同对方的人格，都非常尊重。而且为矫正从前轻视女子的恶习，交际上男子尤特别尊重女子，断不敢稍有轻率的举动。即如跳舞会是古代传下来的习惯，也是随时代进化，活泼中仍含着谨严的规则；不是为贫儿院筹款，曾在迎宾馆举行一次，诸君曾经参与的吗？近来女权发展，又经了欧洲的大战争，从前男子的职业，一大半都靠女子来担任。此后男女间互助的关系，无论在何等方面，必与单纯男子方面或单纯女子方面一样。我们国里还能严守从前男女的界限，逆这世界大潮流吗？但是改良男女的关系，必要有一个养成良好习惯的地方，我以为最好是学校了。外国的小学与大学，没有不是男女同校的。美国的中学也是大多数男女同校。我们现在除国民小学外，还没有这种组织。若要试办，最好从贫儿院入手。院中男女生都有，但男生专做木工、毡工，女生专做烹饪、裁缝，划清界限，还不是男女同校的真精神。最好破除界限，不论何等工作，只要于生理上、心理上相宜的，都可以自由选择，都可以让他们共同操作。要是试验了成绩很好，那就可以推行到别的学校了。

还有一层，中国的戏剧不许男女合演，用男子来假装女子，这是最不自然的。所以扭扭捏捏，不但演剧时不合女子的态度，反把平日间本人的气概都改变了。我不喜观旧剧，对于学生演新剧亦不大欢迎，就是为此。

但现在男女尚不能同校，若要合男女学生试演新剧，学生的父母不是要大不答应的吗？我以为此事也可由贫儿院先来试办。先就译本的西剧中，选几种悲剧来试演，演得纯熟了，要是开筹款会就可以演给来宾看看，不专靠现在男生的唱歌、女生的跳舞了。要是有几个学生演得很好，就可以作为改良戏剧的起点，不是很有关系吗？

以上三端，都想借贫儿院试试男女共同操作的习惯，是我第三种的希望。

我有上述的特别感想与这三种希望，所以看到贫儿院非常重要，尤希望男女来宾竭力替他筹款，不但帮他维持，还要帮他发展呵！

（选自《贫儿院与贫儿教育的关系》）

培养儿童健全的人格

蔡元培

所谓健全的人格，内分四育，即：（一）体育，（二）智育，（三）德育，（四）美育。这四育是一样重要，不可放松一项的。先讲体育。在西洋有一句成语，叫做健全的精神，宿于健全的身体，足见体育的不可轻忽。不过体育是要发达学生的身体，振作学生的精神，并不是只在赌赛跑跳或开运动会博得名誉体面上头，其所以要比赛或开运动会，只是要引起研究体育的兴味；因恐平时提不起锻炼身体的精神，故不妨常和人家较量较量。我们比不过人家时，便要在平常用功了。其实体育最要紧的，是合于生理。若只求个人的胜利，或一校的名誉，不管生理上有无危险，这不要说于身体上有妨害，且成一种机械的作用，便失却体育的价值了。而且只骛虚名，在心理上亦易受到恶影响。因为常常争赛的结果，可使学生的虚荣心旺盛起来；出去服务社会，一切举动，便也脱不了虚荣心的气味，这是贻害社会不浅的。不过开运动会和竞技等，在平时操练有些呆板乏味时，偶然举行一下，倒很可以调剂机械作用。因变化常态而添出兴趣，是很好的，只要在心理上使学生彻底明白体育的目的，是为锻炼自己的身体，不是在比赛争胜上，要使他们望正鹄做去。

次讲智育。案我们教书，并不是像注水入瓶一样，注满了就算完事，最要是引起学生读书的兴味。做教员的，不可一句一句，或一字一字的，都讲给学生听。最好使学生自己去研究，教员竟不讲也可以，等到学生实在不能用自己的力量了解功课时，才去帮助他。至于常用口头的讲授，或恐有失落系统的毛病，故定出些书本来，而定书本也要看学生的程度，高下适宜才对。做学生的，也不是天天到校把教科书熟读了，就算完事。要知道书本是不过给我一个例子，我要从具体的东西内抽出公例来，好应用到别处去。譬如从书上学得菊花，看见梅花时，便知也是一种植物；从书上学得道南学校，看见端蒙学校，便也知道是什么处所；若果能像这样的应用，就是不能读熟书本，也可说书上的东西都学得了。

再现在各学校内，每把学生分为班次，要知这是不得已的办法，缘学生的个性不同：有的近文学，有的喜算术等；所以各人于各科进步的快慢，也不能一致，但因经济方面，或其他的关系，一时竟没法子想。然亦总须活用为妙。就是遇有特别的天才的，总宜施以特别的教练。在学生方面，也要自省，我于哪几科觉得很困难的，须格外用功些，哪几科觉得特别喜欢的，也不妨多学些。总之，教授、求学，两不可呆板便了。

至于德育，并不是照前人预定的格言做去就算数。有些人心目中，以为孔子或孟子所讲的，总是不差，照他们圣人的话实行去，便是有道德了；其实这种见解，是不对的。什么叫道德，并不是由前人已造成的路走去的意义，乃是在不论何时何地照此做法，大家都能适宜的一种举措标准。是以万事的条件不同，原理则一。譬如人不可只爱自己，于是有些人讲要爱家，这便偏于家庭，或有些人提倡爱群，又偏于群的方面了，可是他的原理，只是爱人一语罢了。故我们要一方考察现时的风俗情形，一方推求出旧道德所以酿成的缘故，拿来比较一下。若是某种旧道德成立的缘故，现在已经没有了，也不妨把他改去，不必去死守他。我此刻在中学校看见办有图书馆、童子军等，这些事物，于许多人很适宜，于四周办事人亦无妨害，这便不是不道德。总之，道德不是记熟几句格言，就可以了事的，要重在实行。随时随地，抱着试验的态度。因为天下没有一劳永逸的事情，若说今天这样，便可永远这样，这是大误。要随时随地，看事势的情形，而改变举措的标准。去批评人家时，也要考察他人所处的环境怎样而下断语才是。

第四美育。从前将美育包在德育里的，为什么审查教育会，要把它分出来呢？因为晚近人士，太把美育忽略了。按我国古时的礼、乐二艺，有严肃优美的好处。西洋教育，亦很注重美感的。为要特别警醒社会起见，所以把美育特提出来，与体智德并为四育。

美育之在普通学校内，为图工音乐等课。可是亦须活用，不可成为机械的作用。从前写字的，往往描摹古人的法帖，一点一画，依样葫芦，还要说这是赵字哪，这是柳字哪，其实已经失却生气，和机器差不多，美在哪里？

图画也是如此，从前学子，往往临摹范本，圆的圆，三角的三角，丝毫不变，这亦不可算美。现在新加坡的天气很好，故到处有自然的美，要找美育的材料，很容易。最好叫学生以己意取材，喜图画的，教他图画；喜雕刻的，就教他雕刻；引起他美的兴趣。不然，学生喜欢的不教，不喜欢的硬叫他去做，要求进步，很难说的。像儿童本喜自由游戏，有些人却去教他们很繁难的舞蹈，儿童本喜自由嬉唱，现在的学校内，却多照日本式用1234567等，填了谱，不管有无意义，教儿童去唱。这样完全和儿童的天真天籁相反。还有看见西洋教音乐，要用风琴的，于是也就买起风琴来，叫小孩子和着唱。实则我们中国，也有箫笛等简单的乐器，何尝不可用？必要事事模仿人家，终不免带着机械性质，于美育上，就不可算是真美。

以上四育，都宜时时试验演进，要一无偏枯，才可教练得儿童有健全的人格。

（选自《普通教育和职业教育》）

兼顾群性与个性

蔡元培

今日上海二十二个学术与教育机关，在此地欢迎华虚朋博士，鄙人得参加盛典，亲炙华虚朋博士，是非常荣幸的。

华虚朋博士在文纳特卡所试用的教育法，是个别教学的方法。我们一听到，就疑是偏重个性的，因为是反抗班级教学的偏重群性而有这一种运动，所以于注重个性的一点特别提出来。其实，华虚朋博士的方法，是注重在个性与群性的调和，没有偏重的。我们只要看他的四个原则：

（一）使儿童尽量地能获得将来要在生活上应用的知识和技能。

（二）每个儿童应该自然地、快乐地和完美地能享受儿童的生活。

（三）人类的进步，在每个分子能达到他充分的发展。

（四）人群的福利，要每个分子中，有整个的社会意识之发展。

这四条原则里面，（二）与（三）是发展个性的，（一）与（四）是发展群性的。

在生物进化史上，看出无群性则个性不能生存，无个体则群体不能进步。

我国学术史上，法家偏重群性，道家偏重个性，均不适于我民族的习惯。唯儒家能兼顾个性与群性，流行至二千年不替。

我们私塾制，本来是个别教学法，但教材太偏于文辞。近来的新式学校，太拘泥班级制，不免有压迫个性之弊，于天才生及低能生极不相宜。

人类将来之工作，必有一部分是为群而设的，即稍违个性，亦不可不勉强为之；不必有一部分是完全自由的。所以在学生时期，不可不兼顾两种性质，而使之不相冲突，且相调和。

我们正想用文纳特卡制的原则，应用在我们的教育上。欣逢华虚朋博士惠临我国，给我们质疑问难的机会，我们曷胜欢迎。

（选自《上海各学术教育机关欢迎华虚朋集会上演说词》）

儿童读物的必要性

蔡元培

小学校应有图书馆，普通图书馆应有儿童阅览室，家庭文库应有儿童读物，是现代通例；因为将来的世界，完全靠儿童们长大以后的活动，我们不愿为他们养成被动的习惯，而要引起他们自动的探求，不可不为之预备材料，以备参考也。欲使学校、图书馆及家庭，都愿大量地购进儿童读物，而印刷机关不足以供其所求，则亦无可如何！今幸商务印书馆有《小学生文库》之编印，从此不但各小学校均有充实其图书室之机会，而在普通图书馆与各个家庭，亦可以先备基本图书，备多数儿童参考，不可谓非吾国儿童之幸运也。

（选自《〈小学生文库〉之编印》）

现代儿童对于科学的态度

蔡元培

小朋友们：

你们读《科学画报》，已经读到四十八期了！你们在家庭里面，在学校里面，所看的书，大半是讲科学的，所以你们对于科学，是早已认识了。你们自己检点一回，所享受的科学成绩有多少？

第一，身体上的享受。姑且照食、衣、住、行的次序说。最古的人类，所食的不过猎得的兽类、渔得的鱼类与在树上摘得的果子。有的时候，多吃一点；没有的时候，就饿起来了。自科学进步，有农学以养谷类，有园艺以植蔬果，有畜牧以繁家畜。材料既多，有选择余地。于是，食物的成分应如何分配，数量应如何制限，各种唯太命的含有，应如何调剂，或为众人通则，或为个人特例，均得依科学理论，分别规定。最古的人类，暑期裸体，寒时以兽皮自护罢了。后来发现丝、麻，亦尚不能普及。近代棉种、蚕种，都随时改良；纺织机械，都取最新式；棉织品、丝织品及毛织品，皆大量生产。不但种种质料，可以随时选用，适应气候；即色彩花纹，亦可随各人嗜好的不同而相投，这岂不是科学的功吗？最古的人类，不是在树上造巢，学飞鸟的样子，就是在洞穴中栖止，与猛兽争地盘。后来渐渐知道用木料作柱，用茅草盖顶，如现在江北人的草棚一样。近来建筑术发达，用种种木材以外，用石，用铁，用水泥，崇楼杰阁，曲榭回廊，唯意所适，无施不可；既极坚固，又复美观。空气流通，光线充足，均合于卫生的条件。这都是科学家工作的结果。最古的人类，没有交通工具。后来发明了独木的船、独轮的车，已于不知不觉间应用到科学的原则了。后来科学的应用，逐渐推广，陆行的车，自人力，而畜力，而汽力，而电力，并特设铁轨，开通公路。水行的船，亦自人力，而风力，而汽力，而电力。不但人迹所到的地方，无远弗届，就是南、北冰洋，亦可探险。海底且有潜艇，空中亦有飞机，这都不是科学未发达的时候所能见到的。

第二，精神上的享受。古人知识太浅，对于自然现象，往往有无谓的恐怖。例如雷、电本为一物，从前的人，由声光的感受有迟速而认为二事；又设为雷公、电母的名义及偶像，又因偶有触电的人与物，而有雷殛恶人与怪物的传说。所以从前的儿童，闻雷声，见电光，都很怕。现在受电学家的指导，知道空中雷电，与我们通报、传话、转动机械的电力，毫无殊异。在建筑上并可置避雷针，以免触电之险，又有什么恐怖呢？从前的人，看了空中有无数的星，说是每一个星的变状或变色，都是与人事的成败有关的，尤其是彗星，它若出现，人间必有兵灾；现在受天文学的指导，知道多数恒星，与太阳相似，与地球隔了多数的光年，我们看到了样子，还是它们以前若干光年的色相，与我们现在的事业，还有什么相关呢？彗星也自有轨道，与行星相似，天文学上可以计算出来，可以预定它再见的年份，与地球上的兵灾，毫不相涉。从前有人疑彗星的尾与地球相触，地球或有危险，现在也知道没有这事了。古人所最怕的是瘟疫，死亡枕藉，似乎非人力所能抵抗，说是瘟神示罚，以迎神赛会为唯一方法。现在医学进步，对于瘟疫的起因及传染的预防，都有办法，不用过分担忧了。古人所尤怕的，又有水、旱之灾，说是龙王或旱魃作祟，又不外乎用祈祷禳解等法。现在科学进步，一方面从水利工程上尽力，一方面又从造林上作根本的解决，也就不要顾虑了。

照此看来，你们身体上的康强，精神上的安宁，都是受现代科学的赐予，是无可疑的。凡人，有权利，就有义务。你们享了这许多权利，竟没有一点义务吗？我从前常常想，儿童是预支权利的时代，受养受教，暂可不说报酬；到年长后，多尽一倍的义务，就把儿童时代的债还清了。但是有志的儿童，却不肯专过预支的生活，而立刻要有点贡献。我曾闻陈鹤琴先生说：俄国有儿童科学研究所七百多所。他所参观过的三所，都分十一部，有电话、无线电、汽车、摄影、化学、机械等等，每部都有实验室，汽车部有两辆汽车，是十一岁至十七岁的儿童造的，曾在莫斯科大路上作六十公里的比赛。莫斯科街上有一盏红绿灯，是儿童所发明的。其他七百余所中儿童的新发明，一定很多，不过我们还没有调查到就是了。小朋友们！你们听了俄国儿童能进研究所，有新发明，作何感想？我希望我们国内，也渐渐设起儿童研究所来，你们很愿意进去研究，那么，你们现在就不要专门享受科学的赐予，而要时时留意科学的工作。

（选自《现代儿童对于科学的态度》）

“以儿童为中心”的教育观

江 雨 郑 刚

蔡元培坚持“以儿童为中心”，批判封建社会的专制教育，致力于建设民主的新教育。他的幼儿教育思想体现了崇尚自然、尊重个性、切合实际、弘扬科学精神的特点。

（一）尚自然，展个性

蔡元培主张教育应该使儿童的个性得到自然、自由的发展。在他看来，新旧教育的分歧就在于此。旧教育以高压的手段，剥夺了儿童的话语权，使儿童丧失了独立思考的能力，丧失了自立、自主的精神，而自立精神是一个人具备完全人格的关键。新教育以儿童为本位，重在了解和尊重儿童的兴趣和个性，使儿童自由地发展。所以他主张“教育者，与其守成法，毋宁尚自然；与其求划一，毋宁展个性”。他还以农民培养植物进行了形象的比喻，农民对于植物“干则灌溉之，弱则支持之，畏寒则置之温室，需食则资以肥料，好光则复以有色之玻璃”。教育应该要根据儿童身心发展的阶段特征进行有针对性的教育。为此，他推崇列夫·托尔斯泰的自由学校和蒙台梭利的儿童室，通过设置各种器具启发儿童的心智。蔡元培的幼儿教育思想体现了崇尚自然、发展个性的特点，他的这种教育思想既是受到西方教育思想影响的结果，也是当时民主教育思想发展的体现，在反对封建旧教育对儿童的摧残，使儿童个性解放等方面，有其积极意义。

（二）尊个性，重群性

“健全人格”必须是“群性”和“个性”的高度统一。蔡元培指出：“群性与个性的发展，相反而适以相成，是今日完全之人格，亦即新教育的标准也。”蔡元培认为儿童是个性和群性的统一体，教育的目的就在于促进儿童个性和群性的有机结合。他指出：“此后国家之生存，必须全体国民同时具备此两方面之资格而后可。故此后教育家之任务，在发现一种方法，能使全体国民内包的个性发达，同时使外延的社会与国家之共同性发达而已矣。”换言之，蔡元培认为教育应该在尊重儿童的个性的基础上培养儿童的群体意识，通过造就“健全人格”的儿童，实现教育救国。

（三）重身教，净环境

蔡元培认为从家庭到学校，凡是与儿童接触之人，都应以身作则，重视言传身教，为儿童创造一种良好的环境。“未及学龄儿童，当然不能入学校，或不能入幼稚园，所受教育，全系家庭之母、兄、姊与公共机关之保姆，而时时接触之人物，亦均为其师保，均当以身作则，无病遽色，无粗暴之举动，养成慈祥恺悌之习惯。”同时，教师的学识、品德和嘉言懿行，对养成儿童完全人格，也有极大的关系。“教员须有充分之知识，是以应儿童之请益与模范而不匮。”此外，蔡元培十分强调美育的重要作用，主张为孕妇和儿童创造一种美的环境。

（四）扬科学，编读物

科学是人类进步的重要推动力量。蔡元培曾留学德国，对西方科学带来的巨大经济利益有着深刻的体会。他认为社会在不断进化，各种学说也是日新月异，教育应重视对最新科学知识的传播，使儿童“养成科学的头脑”。在教学过程中，教师和家长不但应该传递最前沿的科学知识，帮助儿童养成科学的精神，还应帮助儿童了解科学的工作，养成初步动手能力。他寄语儿童：“你们现在就不要专门享受科学的赐予，而要时时留意科学的工作。”而儿童读物既是实施儿童教育的媒介，也是儿童获取科学知识的重要来源。所以，他鼓励出版机构应该出版大量的、科学的儿童读物，对儿童读物的编写也提出了独到的见解。他认为儿童读物的编写要遵循科学的规律，内容要反映时代的新科学。

（选自《蔡元培的幼儿教育思想及其启示》）

合力教育：家、校、社会“三位一体”

张　勤　陈义新

（一）家庭的担当。家庭是人生的第一也是终身教育场所。蔡元培认为，人一生的品性“百变不离其宗，大抵胚胎于家庭之中”。也许有邻居的影响，可能有朋友的感染，但是较之家庭，则其感化之力远不及之。“幼儿受于家庭之教训，虽薄物细故，往往终生而不忘。”家庭对儿童的启蒙、起始性教育对儿童的未来成长具有重要的意义。蔡元培曾经强调孕妇的居住环境、情绪状况、言行举止等对胎儿的发育都有影响。为父母者各有其“特别的职分”。例如，行止坐卧、择业从业、言语表达、衣着饮食，“无不考之于家庭教育之利害而择之”。甚至亲戚、保姆也必须检点自己的行为举止。总之，孩子的发育和中正品性得益于父母最初的影响和适中的教育。

（二）学校的职责。蔡元培比较了解缺少系统性专业训练的家长难以承担教育儿童教育的全部，也深知家长“囿于职务而无暇为教育子女之准备”。因此，他强调学校要充分利用完备的硬件设施和内隐的文化力量对儿童进行科学的教育。要合理设立不同层级的机构对儿童进行系统的教育。如，除了幼儿园、中小学以外还要建立相应的胎教院、乳儿院，按照儿童成长发育的阶段性特征进行有针对性的教育，弥补家庭教育的不足，与家长互动、互补，要把试验成功了的早期教育机构逐步推广。学校教育也要探索科学的、合适的教育。包括学校环境的设计，一方面要选择风景佳胜之地，利于培养儿童真善美的性情；同时优化学校内部环境，以对儿童进行潜移默化的教育。

（三）社会的义务。社会要通过多种渠道促进儿童的健康成长。如净化社会舆论，匡正社会风气，优化教育设施等，从软件到硬件，从时间到空间，为儿童成长提供好的环境。蔡元培认为，社会不仅要与学校、家庭对接好，实现“三位一体”的协调教育，市民“对于教育的义务是第一事”。蔡元培于1922年举例说，北京的十万儿童仅有51所小学，差不多仅能容3万人，如果再增设60所，再扩张原来的学校，这样“十万儿童，均可进学了”。这种增设与扩展“就是我们应尽的义务了”。另外，成人的示范性影响很重要，要“有充分之知识，是以应儿童之请益与模范而不匮”。总之，学校、社会、家庭共同努力，政府协调和服务，合力教育将是儿童教育的美好愿景。

（选自《蔡元培近代儿童教育思想与现代家庭教育》）

第　五　辑

女子教育：
女子不学，则无以自立

“完全人格，男女一也”

蔡元培

本校初办时，在清朝季年，含有革命性质。盖当时一般志士，鉴于清朝政治之不良，国势日蹙，有如人之罹重病，恐其淹久而至于不可救药，必觅良方以治之，故群起而谋革命。革命者，即治病之方药也。上海之革命团，名中国教育会。革命精神所在，无论其为男为女，均应提倡，而以教育为根本。故女校有爱国女学，男校有爱国学社，以教育会员担任办理之责，此本校名之所由来也。其后几经变迁，男校因“苏报案”而解散，中国教育会亦不数年而同志星散，唯女校存立至今。辛亥革命时，本校学生多有从事于南京之役者，不可谓非教育之成效也。当满清政府未推倒时，自以革命为精神。然于普通之课程，仍力求完备。此犹家人一面为病者求医，一面于日常家事，仍不能不顾也。至民国成立，改革之目的已达，如病已医愈，不再有死亡之忧。则欲副爱国之名称，其精神不在提倡革命，而在养成完全之人格。盖国民而无完全人格，欲国家之隆盛，非但不可得，且有衰亡之虑焉。造成完全人格，使国家隆盛而不衰亡，真所谓爱国矣。完全人格，男女一也。兹特就女子方面讲述之。

夫完全人格，首在体育。体育最要之事为运动。凡吾人身体与精神，均含一种潜势力，随外围之环境而发达。故欲其发达至何地位，即能至何地位。若有障碍而阻其发达，则萎缩矣。旧俗每为女子缠足，不许擅自出门行走，终日幽居，不使运动，久之性质自变为懦弱。光阴日消磨于装饰中，且养成依赖性，凡事非依赖男子不可。苟无男子可依赖，虽小事亦望而生畏。倘不幸地方有争战之事，敌兵尚未至，畏而自尽者比比矣，又安望其抵抗哉。是皆不运动不发达其身体之故，卒养成懦弱性质，以减杀其自卫之能力与胆量也。欧美各国女子，尚不能免此，况乎中国。闻本校有体育专修科，不特各科完备，且于拳术尤为注意，此最足为自卫之具，望诸生努力，切勿间断。即毕业之后，身任体操教员者，固应时时练习，即担任别种事业者，亦当时时练习。盖此等技术，不练则荒，久练益熟，获益匪浅鲜也。

次在智育。智育则属精神方面。精神愈用愈发达，吾前已言及矣。盖人之心思细密，方能处事精详。而习练此心思使之细密，则有赖于科学。就其易于证明者言之，如习算学，既可以增知识，又可以使脑力反复运用，入于精细详审一途。研究之功夫既深，则于处事时，亦须将前一事与后一事比较一番，孰优孰劣，了然于胸，而知识亦从比较而日广矣。故精究科学者，必有特别之智慧胜于恒人，亦由其脑筋之灵敏也。

更言德育。德育实为完全人格之本。若无德，则虽体魄智力发达，适足助其为恶，无益也。今先言我国女子之缺点。女子因有依赖男子之性质，不求自立，故心中思虑毫无他途，唯有衣服必求鲜艳，装饰必求美丽。何也？以其无可自恃也。而虚荣心于女子为尤甚，如喜闻家中之人做官，喜与有势力人往还，皆是。故高尚之品行，未可求诸寻常女界中也。今欲养成女子高尚之品行，非使其除依赖性质有自立性质不可。然自立不可误解，非傲慢自负，轻视他人之谓，乃自己有一定之职业，以自谋生活之谓。夫人果能自谋生活，不仰食于人，则亦无暇装饰，无取虚荣矣。尚有一端，女子之处家庭者，大凡姑媳妯娌间，总是不和，甚至诟谇。其故何在？盖旧时习惯，女子死守家庭，不出门一步，不知社会情状，更不知世界情状，所通声息者，家中姑媳妯娌间而已。耳目心思之范围，既限于极小之家庭，自然只知琐细之事。而所争者，亦只此琐细之事。若是而望女子之品行日就高尚，难乎不难！盖其所处之势使然也。虽然，女子之缺点固多，而优点亦不少。今举其一端，如慈善事业，恻隐之心，女子胜于男子。不过昔时专在布施，反足养成他人懒惰之习。今则当推广爱人以德、与人为善之道。凡有善举，宜使受之者亦出其劳力有益于社会，则其仁慈之心，为尤恳挚矣。女子讲自由，在脱除无理之束缚而已，若必侈大无忌，在在为无理之自由，则为反对女学者所借口，为父兄者必不喜送女子入学。盖不信女学为培养女德之所，而谓女学乃损坏女德之地，非女学之幸也。

又今日女子入学读书后，对于家政，往往不能操劳，亦为所诟病。必也入学后，家庭间之旧习惯，有益于女德者保持勿失，而益以学校中之新知识，则治理家庭各事，必较诸未受过教育者，觉井井有条。譬如裁缝，旧时只知凭尺寸剪裁而已，若加以算学知识，则必益能精。如烹饪，旧时亦只知其当然，若加以化学知识，则必合乎卫生。其他各事，莫不皆然。倘女学生能如此，则为父兄者有不乐其女若妹之入学者乎？夫女子入校求学，固非脱离家庭间固有之天职也。求其实用，固可相辅而行者也。美国有师范学校，教授各科，俱用实习，不用书籍。假如授裁缝时，为之讲解自上古至现在衣服之变更，有野蛮时代之衣服与文明时代之衣服，是即历史科也。为之讲解衣服之原料，如丝之产地，棉之产地等，则地理科也。衣服之裁剪，有算法焉。其染色之颜料，有理化之法则焉，是即数学理化科也。推之烹饪等科，亦复如是。寓学问于操作中。可见女学固养成女子完全之人格，非使女子入学后，即放弃其固有之天职也。即如体操科中之种种运动，近亦有人主张徒事运动而无生产为不经济，有欲以工作代之者。庶不消耗金钱与体力，使归实用。此法以后必当盛行。益可见徒知读书，放弃家事，为不合于理矣。

（选自《在爱国女学校之演说》）

家务、校务应当兼顾

蔡元培

贵校成立，于兹十载，毕业生之服务于社会者，甚有声誉，鄙人甚所钦佩。今日承方校长嘱以演讲，鄙人以诸君在此受教，是诸君的权利；而毕业以后即当任若干年教员，即诸君之义务，故愿为诸君说义务与权利之关系。

权利者，为所有权、自卫权等，凡有利于己者，皆属之。义务则几尽吾力而有益于社会者皆属之。

普通之见，每以两者为互相对待，以为既尽某种义务，则可以要求某种权利，既享某种权利，则不可不尽某种义务。如买卖然，货物与金钱，其值相当是也。然社会上每有例外之状况，两者或不能兼得，则势必偏重其一。如杨朱为我，不肯拔一毛以利天下；德国之斯梯纳（Stirner）及尼采（Nietsche）等，主张唯我独尊，而以利他主义为奴隶之道德。此偏重权利之说也。墨子之道，节用而兼爱。孟子曰：生与义不可得兼，舍生而取义。此偏重义务之说也。今欲比较两者之轻重，以三者为衡。

（一）以意识之程度衡之。下等动物，求食物，卫生命，权利之意识已具；而互助之行为，则于较为高等之动物始见之。昆虫之中，蜂、蚁最为进化。其中雄者能传种而不能作工。传种既毕，则工蜂、工蚁刺杀之，以其义务无可再尽，即不认其有何等权利也。人之初生，即知吮乳，稍长则饥而求食，寒而求衣，权利之意义具，而义务之意识未萌。及其长也，始知有对于权利之义务。且进而有公而忘私、国而忘家之意识。是权利之意识，较为幼稚；而义务之意识，较为高尚也。

（二）以范围的广狭衡之。无论何种权利，享受者以一身为限；至于义务，则如振兴实业、推行教育之类，享其利益者，其人数可以无限。是权利之范围狭，而义务之范围广也。

（三）以时效之久暂衡之。无论何种权利，享受者以一生为限。即如名誉，虽未尝不可认为权利之一种，而其人既死，则名誉虽存，而所含个人权利之性质，不得不随之而消灭。至于义务，如禹之治水，雷绥佛（Lessevs）之凿苏彝（伊）士河，汽机、电机之发明，文学家、美术家之著作，则其人虽死，而效力常存。是权利之时效短，而义务之时效长也。

由是观之，权利轻而义务重。且人类实为义务而生存。例如人有子女，即生命之派分，似即生命权之一部。然除孝养父母之旧法而外，曾何权利之可言？至于今日，父母已无责备子女以孝养之权利，而饮食之，教诲之，乃为父母不可逃之义务。且列子称愚公之移山也，曰："虽我之死，有子存焉。子又生孙，孙又生子，子子孙孙，无穷匮也，而山不加增，何苦而不平？"虽为寓言，实含至理。盖人之所以有子孙者，为夫生年有尽，而义务无穷；不得不以子孙为延续生命之方法，而于权利无关。是即人之生存，为义务而不为权利之证也。

唯人之生存，既为义务，则何以又有权利？曰：盖义务者在有身，而所以保持此身，使有以尽义务者，曰权利。如汽机然，非有燃料，则不能做工，权利者，人身之燃料也。故义务为主，而权利为从。

义务为主，则以多为贵，故人不可以不勤；权利为从，则适可而止，故人不可以不俭。至于捐所有财产，以助文化之发展，或冒生命之危险，而探南北极、试航空术，则皆可为善尽义务者。其他若厌世而自杀，实为放弃义务之行为，故伦理学家常非之。然若其人既自知无再尽义务之能力，而坐享权利，或反以其特别之疾病若罪恶，贻害于社会，则以自由意志而决然自杀，亦有可谅者。独身主义亦然，与谓为放弃权利，毋宁谓为放弃义务。然若有重大之义务，将竭毕生之精力以达之，而不愿为室家所累；又或自忖体魄，在优种学上者不适于遗传之理由，而决然抱独身主义，亦有未可厚非者。

今欲进而言诸君之义务矣。闻诸君中颇有以毕业后必尽教员之义务为苦者。然此等义务，实为校章所定。诸君入校之初，既承认此校章矣。若于校中既享有种种之权利，而竟放弃其义务，如负债不偿然，于心安乎？毕业以后，固亦有因结婚之故，而家务、校务不能兼顾者。然胡彬夏女士不云乎："女子尽力社会之暇，能整理家事，斯为可贵。"是在善于调度而已。我国家庭之状况，烦琐已极，诚有使人应接不暇之苦。然使改良组织，日就简单，亦未尝不可分出时间，以服务于社会。又或约集同志，组织公育儿童之机关，使有终身从事教育之机会，亦无不可。在诸君勉之而已。

（选自《义务与权力——在北京女子师范学校演说词》）

男女应受同样的教育

蔡元培

在今日看来，无论中外，男女都要受教育，并且所受的教育都要一样的。从前的人以为所学的科学不必相同，有女子须学而男子不应学者，有男子须学而女子不应学者，于是学校有男女之别。社会情形改变，家庭情形亦随之改变：从前只有男子在社会上做事，女子毫不负责任，近年来女子常常代男子做许多社会事业。譬如欧战发生以后，男子都从军去了，女子乃不得不在社会上做事。塞尔维亚的女子也有从军的。照这样看来，男女所做的事应该相同。中国的教育，男女学校不是平行发达：男子有专门学校，有大学校，女子没有。所以北京大学实行男女同学。中国有男子师范、女子师范，但男女师范之分离，并不是程度上的关系，并不是功课上的关系，不过因仍旧习惯罢了。

（选自《对于师范生的希望》）

不畏流俗，首开女禁

贺 佳

蔡元培不仅是男女平等的倡导者，更是躬行实践者。

（一）从其对婚姻的态度透视对女子教育的态度。

蔡元培的原配夫人去世后，朋友们都给他介绍新女子，劝他续娶。当时他就提出了五个条件："天足者；识字者；男子不得娶妾；夫妇意见不合时，可以解约；夫死后，妻可以再嫁。"从这五条中，可以看出，蔡元培首先是反对妇女缠足的，因为只有妇女天足，身体上不再受到束缚，才能和男子一样自由、平等，也才能和男子一样接受教育。蔡元培提出的五条不再如旧时的婚约里只有针对女子提出的条件，蔡元培对自己的婚姻还给男子提出了约束条件——男子不得娶妾，一夫一妻。

（二）爱国女学。基于妇女解放、男女平等、女子应受学校教育的思想，1902 年，蔡元培与蒋智由、陈梦坡、林少泉、吴彦复在上海开办爱国女学，租校舍于登贤里。一开始爱国女学的发展并不顺利。据蔡元培在爱国女学二十五周年纪念会演说词中提道："开办的时候，所有的学生，都是发起人的眷属，教员就是发起人……到第二年的正月，年纪大一点的旧学生，都不能来；我们招了几个小学生，只请了一位专职的教员，其余的功课，我与仲玉担任了。"蔡元培与夫人黄仲玉在爱国女学最困难的时候一直支撑着。直到爱国学社成立以后，蔡元培听从了吴稚晖先生的提议，迁校舍于学社左近。这时爱国女学才走出了低谷，开始有振兴的气象。

（三）小学男女同校。南京国民政府成立后，蔡元培受孙中山之聘，出任中华民国第一任教育总长。在蔡元培的积极倡导下，颁发了两部有利于发展女子初等教育的法令：《普通教育暂行办法》《普通教育暂行课程标准》。这是在我国教育史上，首次以教育法规的形式从法律的角度肯定了男女同校的合法性。在《普通教育暂行办法》中，对女子小学教育有重大影响的有四条："初等小学，可以男女同校"；女子高小以上，可设女子中学、女子师范学校及女子高等师范学校；"特设之女学校章程，暂时照旧"；课程标准，女子不另行规定一套。

（四）开"女禁"与男女同校。1919 年 3 月 15 日，蔡元培发表《贫儿院与贫儿教育的关系》的演说词。在这篇演说词中，他主张效仿西方，尊重妇女的人格和平等权利，实行社交公开，男女同校。他还认为，男女同校的真精神是不论男女，不论何等工作，只要于生理上心理上相宜的，都可以自由选择，共同操作。这篇演说词发表在同年 4 月的《北京大学日刊》上。当时甘肃一位名叫邓春兰的女学生看到这篇文章，然后写信给蔡元培，愿其本着一贯提倡的男女平等的精神，允许北京大学允许女子进补习班。而且她还写信给各大报社，要求舆论给予支持。不过由于蔡元培此时已经辞职离京，没能办理此事。同年 12 月 9 日，又一名女学生——谢楚桢写信给蔡元培，请求开放女禁。蔡元培回信表示同意。1920 年，北京女子师范学校学生王兰请求入北京大学进行旁听。蔡元培也予以批准。于是，1920 年 2 月，北京大学第一次接收了邓春兰、王兰在内的 9 名女旁听生。同年暑假，北大正式招收女生。这是中国教育史上一件可喜可贺的大事件。这一事件表示中国打破了封建思想的禁锢，开启了中国男女同校接受教育的历史。此后许多其他高校也效仿开始招收女生。受此事件的影响，中学也开始招收女学生。

（选自《蔡元培与中国女子教育》）

男女同校之制，终被默许

王世杰

蔡先生所领导的思想革命运动，究竟发生了多大的实益？有人或者要如此问。这诚然不易估计，尤其不是这篇短文所能估计。我现在只举一件大家不曾十分注意的事，以当事例。

蔡先生自传中说，他在南洋公学的时候，便倾向于女权提倡，后来他在北大的时候，便不顾教育部的反对，径自决定兼收女生，接着其他的各大学也仿行，教育部终于默许了。十数年前，北大开始实行男女同校之制，不单为一般顽固守旧分子所反对，就是平日主张妇女解放的人，对于这种制度在中国的前途，也不免有几分忧疑；因为男女隔别之制，在中国行之最久而且最严。可是，男女同校之制，十数年来，逐渐行之全国，并无大的流弊。现在不只是大学小学都已采用，就是中学亦多采用。这样普遍的采用男女同校制，在欧战以前差不多只有文化最高、社会习惯最优美的几个北欧国家。中国是一个贫国。在大的都市或者还可于设立男校之外，另立女校，以收女生。在外县或其他偏僻的地方，无论大学、中学，或小学，往往就绝对不能于男校之外，更办女校。假使男女必须分校，大多数女子受教育的机会更无形被剥夺了。所以男女同校制普遍实行以后，所谓教育机会平等的主张，便得着了一个广大的基础。这是蔡先生所领导的一种思想革命所给予全国妇女界的一种实惠。这是何等的实惠！记得我在南京教育部的时候，张维祯女士介绍一位日本女子教育家来见我。当时我便将以上事实告诉她，她也不胜感动。她退出后，流着眼泪向张维祯女士说，日本没有贤明的人作同样的提倡，使我伤心。

所以我说蔡先生的崇高与伟大，在他的道义的勇气，在他的思想革命的工作。

（选自《追忆蔡先生》）

女子教育与妇女解放

黄新宪

戊戌变法前后，在社会变革的大背景下，蔡元培开始认识到，女子依附于男子，无法自存自立的一个重要原因，在于女子没有受教育的权利。他还认为，女子不掌握知识，也牵制了男子，影响男子的发展和后代的繁育。“妇女不学，其以掣男子之肘，败男子之业者多矣，而害于种尤巨，遗传也，胎教也，蒙养也，何一不关女权者。”他认为中国社会要有改革，则女权必须扩张；占人口半数的女同胞获得平等地位以后，国力将能增加一倍。他主张“正本清源，自女学堂始”。

20世纪初，蔡元培接受了革命民族主义思想。他将革命作为医治社会疾病的药方，并强调通过教育来培植男子和女子的革命精神。由此，开始了创办女学、实施女子教育的初步尝试。1902年冬天，以蔡元培为会长的中国教育会开办了“以教育女子，增进其普通知识，激发其权利义务之观念为宗旨”的爱国女学。爱国女学在创办过程中，受到旧的习惯势力的阻挠和非议，甚至一些发起人的亲属也持激烈的反对态度。但蔡元培等人顶住了压力，在短期内使学校得到发展。第一班学生只有十人左右，多为发起人的妻女。以后女校学生逐渐增多。后来蔡元培决定投入反清革命，他一面在校中组织人试制炸弹，一面讲授法国革命史、俄国虚无党历史，进行了思想上的发动，并介绍学生加入中国同盟会。显然，蔡元培办这一所学校具有双重目的，即除提倡女权、变革教育外，还兼宣传革命，鼓吹民族主义。正如他后来所追忆的，该校含有革命的性质，是革命党人活动的重要场所。该校以培养女子革命骨干为主，“然于普通之课程，仍为求完备”。

创办爱国女学，是蔡元培早期在女子教育方面的重要实践，对他以后女子教育观的发展起着重要的作用。

辛亥革命胜利后，蔡元培担任了民国政府首任教育总长，统管全国教育工作。他上任伊始，即显露出重视女子教育的倾向。1912 年，他在参议院发表演说，指出“教育普及者，人人受同等之教育”。男子与女子同系国民，权利与义务应当平等。他还要求议员在议定国会组织法及选举法时，对于妇女不要加以限制。他认为，女子只有到学校接受教育，才能实现男女平等。在他的主持下，教育部于 1912 年 1 月 9 日颁布了第一个改造封建教育的法令——《普通教育暂行办法》，明确宣布女子享有同男子一样受教育的权利，初等小学可以男女同校。

蔡元培十分注意把为女子争取受教育权利同改变妇女自身状况的斗争紧密地联系起来。

1919 年 10 月，北京女高师学生李超因反抗封建家庭的压迫，备受家中经济上的限制和精神上的折磨，忧愤成疾而死。蔡元培对此十分悲愤，亲自参加李超的追悼会，并发表演说。他指出，与李超同一境遇的人很多，应想出总解决的办法。首先，应改变经济组织，实行各尽所能，各取所需的公则，为女子求学清除障碍。其次，应改变教育制度，实行义务教育，做到凡有中等、高等的教育，女子都可以听授，不要花钱。再次，应鼓励社会捐资，设立类似北京大学“成美学会”那样的基金会，以利息帮助贫穷学生。蔡元培的主张受到了社会的重视，在文化知识界中掀起了一场关于妇女解放问题的大讨论，进一步推动了妇女解放运动的发展。

蔡元培认为争取女子同男子一样享有包括教育在内的各种权利，是一个很长的历史进程，应作为始终不渝的目标和毕生为之奋斗的理想。

（选自《蔡元培的女子教育观》）

女学精神在于养成完全之人格

贺 佳

民国成立以后，爱国女学的精神即养成完全之人格。蔡元培认为：“造成完全之人格，是国家隆盛而不衰亡，真所谓爱国矣。完全人格，男女一也。”女子的完全之人格，主要包括以下五个方面：

第一，体育。蔡元培指出：“夫完全人格，首在体育。”他提倡体育主要是为了革除女子缠足的陋习，并且他认为，体育和精神之间有重要的关系。“旧俗每为女子缠足，不许擅自出门行走，终日幽居，不使运动，久之性质自变为懦弱。光阴消磨于装饰中，且养成依赖性，凡事非依赖男子不可。苟无男子可依赖，虽小事亦望而生畏。”可见蔡元培认为是旧时女子缠足的陋习，使女子不能更好地运动，进而精神懦弱，使女子依赖于男子。所以，他把体育放在完全之人格的第一位，只有提倡体育，革除女子缠足的陋习，培养女子的自立精神，使女子不再依赖于男子，才能更进一步地实行男女平等。

第二，智育。智育是属于精神方面的。蔡元培说：“精神愈用愈发达……盖人之心思细密，方能处事精详。而习练此心思使之细密，则有赖于科学。”可见，蔡元培认为学习科学可以培养人的智力。

第三，德育。蔡元培认为德育是完全之人格中最重要的。“若无德，则虽体魄智力发达，适足助其为恶，无益也。”蔡元培指出当时社会女子的缺点：虚荣心和陷于琐碎之事。“女子因有依赖男子之性质，不求自立，故心中思虑好无他途，唯有衣服必求鲜艳，装饰必求美丽。”“女子之处家庭者，大凡姑媳妯娌间，总是不和，甚至诟谇。”所以，他认为，只有对女子进行德育，养成女子高尚的品行，使其自立，才能使女子不再有虚荣心，不再有心思整日装饰自己，也能够处理好姑媳妯娌之间的关系。

第四，美育。蔡元培所提倡的美育并不是现代意义上的美育，而是接近于一种伦理教育，一种高尚人格之培养。“纯粹之美育，所以陶养吾人之感情，使有高尚纯洁之习惯，而使人我之见、利己损人之思念，以见消沮者也。”在他心目中，通过美育可以培养女子审美能力，陶冶活泼敏锐之灵性，养成高尚纯洁之人格。所以，在女子完全人格培养中，美育是不可缺少的。

第五，家政，相当于现代的劳动。蔡元培主张寓学问于操作中。在学习科学知识的同时料理家政，理论和实践相结合。“而益以学校中之新知识，则治理家庭各事，必较诸未受过教育者，觉井井有条。”

女子只有受到了体育、德育、智育、美育、家政训练之后，才能具备“完全之人格”。只有具备了“完全之人格”，妇女才能真正解放，才能和男子有平等的地位，同等的权利。

（选自《蔡元培与中国女子教育》）

第　六　辑

亲友追忆：成长与见闻先生之风，山高水长

先生歸來兮

仁智双修的一代宗师

许寿裳

蔡先生是一代宗师，仁智双修，人格非常伟大，他的七十五年的全部生活，不是短时间所能说尽的。他临终有两句很重要的遗言，叫作："学术救国，道德救国。"现在我就只把蔡先生的道德生活和学术生活这两方面简单叙述，得个大概罢了。

先说他的道德生活。蔡先生是有至性的人，在少年时，曾经用了本于纯孝心的割臂的方法来救他母亲的病。这种方法对不对，是另外一问题，这种孝心却是出于至诚的。后来他提倡革命也就是本于至性，所以不惜牺牲自己的一切，来救天下人的病。他喜欢研究《公羊传》，抱着公羊家太平世的理想，同时他又崇拜墨子的人格，抱着兼爱的热诚。合并起来，便成了他的革命事业，这就是他的道德生活的一大表现。蔡先生又以克己为他道德生活的核心。他虽然也和当时的名人一样，醉心于法国革命时代的三个口号："自由，平等，博爱。"可是他解释这三个口号，是从克己方面出发的。博爱是什么？他说博爱就是孔子之所谓仁，"己欲立而立人，己欲达而达人"。平等是什么？就是孔子之所谓恕，"己所不欲，勿施于人"。自由是什么？自由就是义，孟子所谓"富贵不能淫，贫贱不能移，威武不能屈，此之谓大丈夫"。蔡先生就以这仁、义、恕三个字做着日常道德生活的标准。

蔡先生主张“躬自厚而薄责于人”，于是浅见者流未免怀疑了，以为既然提倡人我平等，似乎责备自己重者责备他人也可以重，责备他人轻者责备自己也不妨轻，何以偏要责己重而责人轻呢？蔡先生的回答是这样：人我固然应当平等，但是有主观客观之分。因为一个人的行为常常含着许多的原因，例如遗传呀、习惯呀、教育呀、环境呀、感情呀……这些都有着支配行为的势力。在我呢，做了一件事，其一切原因都可以反省而得，因之迁善改过，都可以努力而成。其受前定的遗传、习惯和教育所驯致的应如何加以矫正？其受环境和感情所逼成的应如何加以调节？操纵之权全在我自己。而于他人呢，则其驯致和迫成的原因，我决不会完全明了的；假使我仅仅凭了随便推得的一个原因，就去严重的责备他，哪里会确当呢？况且他自己自然有重责的机会，我又何必越俎代谋呢？所以蔡先生说：“责己重而责人轻，乃不失平等之真意，否则迹若平而转为不平之尤矣。”这真是精理名言，也就是他的道德生活的金科玉律。

蔡先生的服务精神是伟大的。办公之外，连见客也是极勤的。只要有闲暇，无论在朝餐以前或迟至深夜，有客来总是接见的。做大学院院长的时候，甚至有素不相识的商店伙计拿着书本来请教的，蔡先生就给他细细讲解，毫无倦容。他写介绍信也是极勤的，多者一天可以有三四十封，少者也有十余封，于是外间纷纷议论，或者说他是好好先生，或者笑他荐人太滥，其实都是不对的。蔡先生之所以如此勤于见客，勤于荐人，无非是服务心重之故。对于写介绍信的对方，蔡先生的意思以为你既然做了一个机关的领袖，当然需要人才，因之我有推荐人才的义务；至于录用与否，那自然是你的权限，我绝不是来求情面；又对于所推荐的人，蔡先生的意思以为你既然有这样的资格，我应该替你揄扬，我绝不是来示恩惠。这种服务精神的表现就合于三民主义民权主义第三讲所说平等的精神，在乎“人人应该以服务为目的，而不以夺取为目的”。

蔡先生生平尊重男女平等，其实例随处可见。例如民元前十一年（1901 年）蔡先生在杭州和黄夫人结婚，我曾躬逢其盛，看见婚礼是革新的：中堂设着孔子的神位来代普通的神道，礼成举行演说会以代通俗的闹房。当时有陈介石先生引经证史，说明男女平等的理论。吾师宋平子先生，则主张实事求是，勿尚空谈，应该以学行相较，说道："倘若黄夫人的学行高出于蔡先生，则蔡先生当以师礼待黄夫人，何止平等呢？反之，若黄夫人的学行不及蔡先生，则蔡先生当以弟子视之，又何从平等呢？"于是蔡先生折中两端，说道："……就学行言，固然有先后之分，就人格言，总是平等的。"所以蔡先生写给他夫人的信，信面上总是写夫人的姓字，从不写蔡夫人或于夫人姓字上加一蔡字的。

此外，蔡先生的清廉退让种种美德，人所共见，万口同声称为难能的，不过在蔡先生自己却视为庸行，做来毫不费力，轶事很多，不暇细举。以上是蔡先生道德生活的一斑。

至于蔡先生的学术生活，本可依其时代分说的；因为限于篇幅，举其荦荦大者，如民元长教育部时的改革教育宗旨，提倡美感教育；废止小学校读经；整顿学制；计划读音统一……民六长北京大学时的说明："大学生当以研究学术为天职，不当以大学为升官发财之阶梯"；罗致积学之士为教授，不分新旧；主张沟通文理两院而以理学院为第一院；文理学院各设研究所；实行男女同学，鼓吹白话；编纂国史；设立图书研究会、音乐研究会……民十六长大学院时改革学制，设立艺术院、音乐院、中央研究院……民十八以后的专心办理中央研究院……这些功业众所周知，我都可以省略不谈。我只就他的治学问、爱人才两方面，均具卓识，能见其大，各举一个例子如下：

蔡先生也是治朴学的，但是他不喜欢那普通汉学家的烦琐，独喜欢着重在历代的制度文物，换句话说，就是文纪史方面的研究。他对于清代的儒林，最尊重黄梨洲、章实斋、戴东原、俞理初诸位先生。其中黄、章、戴三先生的伟大，久已彰彰在人耳目，只有俞先生《癸巳类稿》和《癸巳存稿》两部分，比较稍晦。蔡先生从十余岁时就爱读这两部书，晚年曾经做俞的年谱，年谱未及脱稿，知道了有一位俞先生的同乡后学王立中君已先做了，蔡先生就替王君仔细校阅初稿，加以补充，并做一篇很长的跋文。（王君所做的年谱和蔡先生的跋文，均载《安徽丛书》第三集。）在这篇长跋之中，说明自己所以崇拜俞先生有最重要的两点：（一）男女平权；（二）时代标准。关于前者，蔡先生说道："男女皆人也，而我国习惯寝床满地之诗，从夫从子之礼，男子不禁再娶，而寡妇以再醮为耻。种种不平，从未有出面纠正之者。俞先生从各方面为下公平之判断。……"关于后者，说道："人类之推理与想象，无不随时代而进步；后人所认为常识而古人未之见及者正复不少。后人以崇拜古人之故，认古人为无所不知，好以新说为古人附会，而古人之言反为隐晦。俞先生认一时代有一时代之见解与推理。……"这两点都是从俞先生的两部书中钩稽而得，列举甚为详明。总之，俞先生的伟大，在于有新的革命的见解，唯有蔡先生这种革命的人，才认识他，崇拜他。

蔡先生的爱人才，我就举四年前去世的鲁迅做个例子吧。俞先生是百年以前的伟□（原件此字模糊不清——编者），鲁迅是现代的人，是文化革命思想革命的健将。单就艺术方面说，鲁迅的贡献，已经很多，如（一）搜集并研究汉魏六朝石刻，（二）搜集并印行近代木刻，（三）翻译外国新思想的艺术论，（四）介绍外国进步作家的版画，（五）奖掖中国青年木刻家等。何况他还有许多许多文学上的创作呢。蔡先生称鲁迅为新文学的开山。对于鲁迅各方面的贡献都赞为卓绝，所以晚年在九龙，亲笔做了一篇《鲁迅先生全集序》，其中说道："他的感想之丰富，观察之深刻，意境之隽永，字句之正确，他人所苦思力索而不易得当的，他就很自然地写出来，这是何等天才，又是何等学力！"蔡先生对鲁迅的认识，也可谓深切了！以上是蔡先生学术生活的一斑。

19 世纪德国哲学家叔本华说过这样的话：要估定一个人的伟大，精神上之大和体格上之大，法则完全相反。后者距离越远越小，前者却是越远越大。我相信蔡先生的精神不折，也是越远越大的。

（选自《蔡孑民先生的生活》）

引领时代风气的大先生

许钦文

冒着大雨，在崎岖的山路中步行 20 里，我赶到城里去参加蔡孑民先生的追悼会。路上泥滑得很，我并不顾及会忽然跌倒滚下危崖去。淫雨已久，溪水早涨，也不虑及城门口的浮桥是否已经冲坏。一路只觉得心头重，深深地感到惆怅；在悲凉的悼念中，蔡先生占据了我整个的心。

我同蔡先生的接触并不多，在他主持鲁迅先生的葬礼时会见以后，如今已经三年多，不曾再见，也没有通信。他的死，会在我的精神上发生强大的影响，并非只是普通私人的感情关系，实在因为他的人格伟大，深刻地感动了我。

“但求刹那心太平！”最使我感动的是先生在《贡献》上发表的这诗句。先生是有“好好先生”之称的；凡有人去向先生请求事情，先生总是好好地对付，尽力地帮助。尤其是陷于困境的青年，多得先生的救援。可是先生自己，从这诗句看来，可见常在忧虑中。

蔡先生实在是苦斗了一生的：从幼好学，家贫不能置灯，常在炉灶的火光的映照中读他的书。听说考中翰林的时候，先生所作文章中的字句，连主考官都多不懂得；广引博征，许多古书，先生都是在给人做校对工作的时候从便读来的。即在西洋留学时期，当初也是靠着由给书店特约撰稿所得而维持的。了解贫苦青年的困难，先生对于有志的穷学生多方设法帮助。在长北京大学时学术公开，广收旁听生，随时请名人作公众的演讲；并且提倡“工读”，给工读生以许多便利。一群穷青年得以有所造就，都是先生鼓励扶助的结果。

由民族革命而政治革命，为着同黑暗的旧势力搏斗，先生屡次遭到非常的危险，所以数度亡命海外。为着爱护青年、保卫青年的生命自由，先生自己，也曾弄得行动不自由。

始终站在时代的前面，领导各种新运动。凡是正当的革命，先生无不冒险参加。影响最大、关系最重要的是五四的新文化运动。在这运动中扩大文字革命，改文言为语体，节省青年们学习文字的脑筋，可以多研究科学而振兴实业；因此教育容易普及、新的政治也就容易推动了。

仁厚博爱，先生富有同情心，不忍坐由人肩抬的轿子，也不忍坐人力车；因为不忍见牲畜的流血，甚而至于素食。可是不免流血的革命，他是积极参加的；革命一世，他是都在冒险之中的。原来先生固然多情，却不肯徇情；于多情之中，理智是更强的；有着主张，始终如一，就是顾全国家民族的前途，为着正义而奋斗。北洋政府时有丧权辱国之举，不脱封建气味，先生参加政治革命。为着复兴农村，稳定立国基础，先生提倡农学，叫公子到法国去学农。为着陶冶性情，增进国民道德，先生提倡美育，叫女公子也到法国去学艺术。为着打倒封建黑暗旧势力，从根本上着想，先生发动新文化运动。知道文言文已不合时代，先生提倡语体文，实行文字革命。培养青年，救护青年，先生的眼光远大，知道青年学子，即使一时思想陷于错误，任情乱干，也不难用教育手段，使得渐归于正，留作将来之用；如果轻易屠杀，摧残青年，那是损害国家民族的元气的。教导青年，就是为国家民族培养元气，关系是很大的。

先生终究是富情感的，环境恶劣，自然不免悲观而忧虑。要提倡改良，要发动革命，要救助陷于困境的青年，为的无非是“求刹那心太平”。

也正因为富感情，要“求刹那”的“心太平”；先生不辞劳苦，东奔西跑，不惜牺牲，多方冒险努力做去。

先生自幼好学，本是书生，参加政治的活动，屡次做官，为的是给国家服务，谋大众的福利。一向从事教育的他，居然也曾担任过司法总长的职务，而且做得很认真。照司法界人宋孟年氏在蔡先生的追悼会中所说，当时先生提出过这样的问题：“日本是个不知道道德的国家，为什么要抄用它的法律？”该国的野蛮是早为先生所看穿的了。

先生自认并无专门的成就，因为用力分散了。不论个人的好恶，不计自己的利害，只要有益于国家民族，需要他的时候，无不凭力做去。“但求刹那心太平”，这就是先生的伟大之处。

“读书不忘救国，救国不忘读书。”先生以此勉人，而且以身作则。先生是这样实行了一生的。使我念念不忘的是先生的真诚爱护青年，宽厚仁慈，长者之风，占我整个心灵，将永远为后人敬仰；先生是不朽的了！

（选自《蔡先生占着我的心》）

萃中西之长于一身

任鸿隽

凡与蔡先生相识有素，有相当机会观察先生举动行为的人，都可以承认平生不曾看见蔡先生有过疾言厉色的时候。他这样谦让和蔼，温良恭俭，纯是发乎自然而不是要拿这些道德来引起人家好印象、好感想。要是我们可以进一步妄意推测的话，蔡先生对人接物，似乎有两个原则，一个是尊重他人的人格，决不愿意以自己的语言和行动使他人感到一点不快或不便。一个是承认他人的理性，以为天下事无不可以和平自由的方法互相了解或处理。威胁强迫或愤恨仇怒，在蔡先生看来都是无所用之的。

听说某次蔡先生住在南京成贤街中央研究院办公处的时候，他的房间的外间适为某君所住，而蔡先生的房间却必须经过外间方能通到外面。蔡先生某日起身较早，某君在外间犹酣眠未醒，蔡先生恐惊动了外间的某君，竟一声不响地在自己房里看书，等某君起身以后，才唤人侍候盥洗。事后研究院的工役谈到此事，犹称道不置。我知道此事，也是最近得之于院中同人的传述。这可见蔡先生处处为人无我的真精神。他在病中不肯要人扶持，以致偶然一跌，也是这个精神的表现。这也可以说蔡先生的笃行其是，是老而弥笃、死而后已的。

以上所说是蔡先生私人性格的一方面。但在公义一方面，蔡先生却是特立不屈、勇往直前、丝毫不退、莫可假借的斗士。在前清时代，蔡先生与孙中山先生辈同倡革命，与当时的清政府肉搏争斗，是如何的不畏强虏，不为威武所屈。民国成立以后，先生为第一任内阁教育总长时与袁世凯奋斗。民八以后，先生任北京大学校长时与北洋军阀奋斗。先生以一身代表新兴前进的势力，与当时政府中、社会上的恶势力相搏斗，从不曾听见先生有一点退让犹豫的表示，恰恰与平时处世接物的谦逊态度成一个相反的对照。尤其明显的，是民国十二年春间，因当时北京政府成立金佛郎借款案，且滥捕当时财政总长罗文干下狱，先生发表宣言愤然辞职南下，从此遂未北返。这种慷慨激昂的态度，在吾国的政治家中真是少见。

有人说，先生的处世谦逊，可以代表东方文化之精华，而先生对于国事的积极，却不少西方勇敢进取之气概。这样萃中西之长于一身，加以道德的修养，正义感的锐烈，皆远出乎常人之上。其伟大人格的形成，非偶然的。

蔡先生对于国家及教育学术上的贡献，绝不是匆遽之间所能叙述，故不具论。聊述平日所感到先生人格上的一点以资纪念，不晓得有当于先生之意吗？

（选自《蔡先生人格的回忆》）

事必躬亲，待人谦和

姜绍谟

蔡先生平居俭朴，此行所带行李，仅铺盖袋一个，手提箱一个，箱内除换洗衣物以外，全是书籍文具及日常用品。他左脚因病，早年曾动过手术，步行不大方便，每天都在寓所读书看报，晚间写信。他每天都有一信寄给夫人周女士，从不间断。信交我代发，能寄快信，必寄快信。

先生虽年届花甲，然身体康健，事必躬亲，从不假手于人。我们在象山旬日之间，四迁住所。每次搬动，我想替他整理行装，收拾零星物件；但是早晨起床，他就将铺盖及零星物件整理好了。随侍十余日，除每天替他寄信以外，实无一事要我帮忙。

蔡先生待人接物都很谦和。饮宴之时，不论男女老幼敬他喝酒，他必举杯回敬；敬他吸烟，不论烟之好坏，他都接受。刚才沧波先生说蔡先生每顿饭都要吃一壶酒。我们在象山曾住黄公岙史文若兄家。史宅招待周到，每日早餐亦预备丰盛酒菜。我也颇能喝酒，陪蔡先生吃饭那是最好不过。但是早晨我没有喝酒的习惯，那时年轻荒唐，有一次我把杯子倒过来，表示不愿意喝，其他人陪蔡先生喝。蔡先生当时没有说什么。事后他对我说，你不吃酒不要紧，倒一杯好了，摆在那里，你早上不吃不要勉强；你把酒杯倒过来表示你不喝，这样子不大好。他讲话总是这样的，从不疾言厉色，当时也不说我没有礼貌。我受了教训以后，也跟蔡先生学，对主人的盛意不可推却，人家敬我一杯，必定举杯回敬。

蔡先生当时抽的是“梅兰芳”牌的香烟。他叫我们抽，我那时烟瘾很大，但是我们都不敢抽他的烟，因为在乡下哪里去买“梅兰芳”呢？他自己虽然抽的是“梅兰芳”，但是别人敬他，不论烟之好坏，他都接受。我因此了解他并不是爱好烟酒，他在交际时的吃烟喝酒，多半是因为主人的盛情难却。

（选自《随侍蔡先生的经过及我对他的体认》）

学问、事业永垂万古

蒋复璁

蔡先生的学问、事业，我想现在国人，凡是读过书的，没有一个不晓得，并且将来国史、学术史自然会详细记载，永垂万古而不能磨灭，就是零片生活也自有他相熟的能文者来写。我是他的一个学生，一个普通的学生，一个不会写文章的学生，实在不配替他写什么，不过我自从听到蔡先生逝世的消息后，总好像胸有结石，不吐为苦，尤其是今年一月七日还在香港见他的面，作了几十分钟的谈话，相别只有两月，音容宛在，竟再见而无从，这是何等的怅痛，所以我忘其不文，也来写一点，表示我的哀悼、认识，尤其是他对我的启示。

辛亥革命那一年，我还在小学二年级，正开始读报，在报上看见他做教育总长。听老师的讲说，晓得一点我们第一任教育部长的生平。不过究竟年纪小，老师也晓得有限，所以是知而不详，对于他还是模模糊糊的。民国二年我在山东进一中学，用的修身教科书，著者是“蔡振”，据老师说，就是蔡先生的假名，是他在清末编的。这本教科书的文字，读去非常有味，因为用句多采成语，对于一个初进中学的学生，要增加成语的资料，非常合用，又因为教修身的老师兼教国文，作文题目是常由修身教科书里摘出来的，因此我把这本修身教科书竟当国文教科书读，自觉这书对于我是很有益的。

民国六年夏天，我考北京大学，在马神庙新造好的大门里边空院内等考卷，见台阶上坐着一个戴金丝眼镜、穿黑马褂的先生，靠在铺绿呢的桌上，用红朱笔点名，态度非常安详，真是慈而有威。据旁人告诉我说，这就是我从小学即晓得的蔡先生。我精神上顿时感到一种莫名的喜慰，同时也生了一种莫名的骄傲。我想这才是大学生的光荣，有这样一位校长来陶熔，那不是幸福吗？

进了北大以后，那一年的功课特别紧，可是非常快乐，因为蔡先生提倡以美育代宗教，教人欣赏艺术，课余学习美术、游技，于是画法、音乐、技击等会多应时而兴，人人都有一种高尚娱乐来消遣课余的时间。又提倡自由研究，于是辩论会、各种学科研究会又都组织起来了，大家兴致都非常好，在课余又编辑刊物，进一步介绍新学说、新思想，批评研究，层出不穷，学校风气为之一变。据那个时候的老前辈告诉我们，北大真改观了。因为学风的转变，于是第二年的春天来了一个中国自有新式学校以来第一次的政治运动，即向新华门总统府请愿要求废止中日军事协定。在国内那个军阀时代的政府，官僚腐败的社会，忽然发生了这样一个破天荒的举动，顿时使人人注目，觉得北大真与前不同，伫待大风潮之来临。讲到抗日，也以这一次为最早，北大真是抗日的先锋。有了民七新华门的请愿，才有民八的五四运动，在吾们民族革命史上占了大书特书的一页。蔡先生是民五到北大，前后不到二年，使一个老大的北京大学变成一个蓬勃的青年，这是何等的力量！从五四以后，北大固然走入了一个新的阶段，社会也随之而进了一步，国民革命也因之而收到了一部分的效果。现在人人都知道，也都承认，这是五四的影响，这是蔡先生的影响！

我在北大听蔡先生教课，只有两个月。蔡先生在北大教课，除了译学馆不算，恐怕也就这两个月。他教的是美学，声浪不很高，可是很清晰。讲到外国美术的时候，还带图画给我们看，所以吾们听得很有味，把第一院的第二教室完全挤满了。第一院只有第二教室大，可坐一两百人，因为那个时候北大讲课，除了选这课的人上课之外，任何人都可以去听，校外去听的就不少，真同巴黎大学一样。第二教室挤得连讲台上都站满了人，于是没有法子，搬到第二院的大讲堂，这是从前公主府的银安殿。在第二院不专为理学院用的时候，做合班上课用的，那时刚刚修新，专作讲演之用。自从美学搬到大讲堂，接着有胡适之先生的中国哲学史，梁漱溟先生的东西文化及其哲学，多因第二教室不能容纳，搬到大讲堂。就我在北大的时间，用大讲堂的只有他们三位先生。所可惜的，美学搬到大讲堂不久，蔡先生出国去了，吾们的美学没有听完，可是那个时候的盛况宛在目前。

就我个人在蔡先生陶冶之下——虽然接触不多，所认识的蔡先生，约有三点：

乐。蔡先生终身无苟且之行，在我们传统的说法讲起来，蔡先生是历史上之完人。可是我们要晓得蔡先生是以乐为中心的。他虽然提倡进德会，但没有一副死板板的理学家面孔，他提倡美育，就是他"乐"的观念之表现，他的读书、修养、教人多是以此为出发点，也可以说，他是以此为乐。

介。蔡先生是最可以亲近的一个人，无论什么去请求他，他总肯帮你们的忙。慈祥和蔼本是老人常性，而蔡先生尤为特甚。但是吾们要晓得，蔡先生是外和内介，守正不阿。他的和是有相当的限度。在去就是非之间，他是斩钉截铁，绝对不敷衍的。在他一生中，如去清秘堂而谈革命，因彭允彝而离北大，都是他这"介"的表现，也就是"正"的表现。有人说蔡先生永远站在时代前面，永远是新的，我以为思想并无新旧，只有是非，蔡先生并不因新而以为是，他是以"正"、以"是"为是。思想之紊乱，多是是非之不分，要是非分明，就要守蔡先生的一个"介"字，才不致随波逐流，不知所届。

勤。蔡先生一生好学，一生教人，一生爱国。他读书不倦，终身在学习之中。他对学生，对僚属，总是教诲不倦。在他书房中壁上写了两句格言："学不厌，教不倦"，很可以代表他这个精神。民国六年他在北大游艺室的壁上写"户枢不蠹，流水不腐"，也就是他好勤的主张。他的一生是一贯的，不可间隔的。他的爱国与他的好学教人一样，从无间断。这都是他以"勤"来贯串的。精神所至，金石为开。蔡先生学问、道德、事业之成就，当然可以知道不是偶然的了。

以上所说，这不过就我个人所认识的，其实像蔡先生这样一个人，从任何方面看，都有他的独到处，写不胜写，固然是蔡先生的伟大，其实也是我们历史、哲学的伟大。我们中国历来传统的历史与哲学所要求的一个学问家是要一个全才：学问好，品格也要好。钤山堂的诗文未尝不好，谁能记得？品格好，也要拿学问来陪衬。自来的学问家很少有惭德的，就是诗人像杜甫、李白也何尝有亏节操的。古人说："十年读书，十年养气。"什么叫养气，换个新名词，就是修养。读书固然重要，修养也是重要。所以《大学》八目把个人的修养、诚意、正心扩展到治国、平天下，并不是玄虚可怪。蔡先生是以他读书、修养所得来教人、救国，完全与我们传统的精神相合，所以蔡先生的精神是我们历史、哲学的精神，也就是我们国家民族的精神！

（选自《追念蔡先生》）

年近古稀，犹有童趣

周作人

蔡孑民先生原籍绍兴山阴，住府城内笔飞坊，吾家则属会稽之都昌坊，东西相距颇远，但两家向有世谊，小时候曾见家中有蔡先生的朱卷，文甚难懂，详细已不能记得。光绪辛丑至丙午我在江南水师学堂，这其间大约是癸卯罢，蔡先生回绍兴去办劝学所，有同学前辈封君传命，叫我回乡帮忙，因为不想休学，正在踌躇，这时候蔡先生也已辞职，盖其时劝学所（或者叫作学务公所亦未可知）的所长月薪 30 元，在乡间是肥缺，早已有人设法来抢了去了。以后 12 年倏忽过去，民国五年冬天蔡先生由欧洲回国，到故乡来，大家欢迎他，在花巷布业会馆讲演，我也去听，那时我在第五中学教书兼管教育会事，蔡先生来会一次，我往笔飞巷拜访，都不曾会见。不久蔡先生往北京，任北京大学校长之职，六年春天写信见招，我于四月抵京，蔡先生来绍兴会馆见访，这才是初次的见面。当初他叫我担任希腊罗马及欧洲文学史、古英文，但见面之后说只有美学需人，别的功课中途不能开设，此外教点预科国文吧。这些都非我所能胜任，本想回家，却又不好意思，当时国史馆刚由北京大学接收，改为国史编纂处，蔡先生就派我为编纂员之一，与沈兼士先生二人分管英日文的资料，这样我算进了北京大学了。

民国六年八月我改任北京大学文科教授仍暂兼了编纂员一年，自此以后至二十六年，我一直在北京大学任职。民六至民八，北京大学文理科都在景山东街，我们上课余暇常顺便至校长室，与蔡先生谈天，民八以后文科移在汉花园，虽然相距亦只一箭之遥，非是特别有事情就不多去了。还有一层，五四运动前后文化教育界的空气很是不稳，校外有“公言报”一派日日攻击，校内也有响应，黄季刚谩骂章氏旧同门曲学阿世，后来友人都戏称蔡先生为“世”，往校长室为阿世去云。我那时在国文学系与“新青年”社都是票友资格，也就站开一点，不常去谈闲天，可是我觉得对于蔡先生的了解也还相当的可靠。民六的夏天，北京闹过公民团，接着是督军团，张勋做他们的首领，率领辫子兵入京，我去访蔡先生，这时已是六月末，我问他行止如何。蔡先生答说：“只要不复辟，我是不走的。”查旧日记，这是六月廿六日事，阅四日而复辟事起。这虽似一件小事，但是我很记得清楚，至今不忘；觉得他这种态度甚可佩服。蔡先生貌很谦和，办学主张古今中外兼容并包，可是其精神却又强毅，认定他所要做的事非至最后不肯放手，其不可及处即在于此，此外尽多有美德，但在我看来最可佩服的总要算是这锲而不舍的态度了。

蔡先生曾历任教育部、北京大学、大学院、研究院等事，其事业成就彰彰在人耳目间，毋庸细说，若撮举大纲，当可以“中正”一语赅之，亦可称之曰唯理主义。其一，蔡先生主张思想自由，不可定于一尊，故在民元废止祭孔，其实他自己非是反对孔子者，若论其思想，倒是真正之儒家也。其二，主张学术平等，废止以外国语讲书，改用国语国文，同时又设立英法德俄日各文学系，俾得多了解各国文化。其三，主张男女平等，大学开放，使女生得入学。以上诸事，论者所见不同，本亦无妨，以我所见则悉合于事理，若在现今社会有所扞格，未克尽实行，此乃是别一问题，与是非盖无关者也。蔡先生的教育文化上的施为既多以思想主张为本，因此我以为他一生的价值亦着重在思想，至少当较所施为更重。蔡先生的思想有人戏称之为古今中外派，或以为近于折中，实则毋宁解释兼容并包，可知其并非是偏激一流。我故以为是真正儒家，其与前人不同者，只是收容近世的西欧学问，使儒家本有的常识更益增强，持此以判断事物，以合理为止，故即可目为唯理主义也。《蔡孑民先生言行录》二册，成于民国八九年顷，距今已有二十年，但仍为最好的结集，如诸公肯细心一读，当信吾言不谬。在这以前有《中国伦理学史》一卷，还是民国前用蔡振名义所著，近年商务印书馆又收入“中国文化丛书”中，虽是三十余年前的小册子，至今却还没有比它更好的书，这最足以表现他的态度，我想正是他最重要的功绩。说到最近则是民国二十三年，在“安徽丛书”第三集《俞理初年谱》中有他的一篇跋文，也值得注意，其时蔡先生盖是六十八岁矣。起头便云：

> 余自十余岁时，得俞先生之《癸巳类稿》及《存稿》而深好之，历五十年而好之如故。

文中分认识人权与认识时代两项，列举俞氏思想公平通达处，而于主张男女平等尤为注重，此与“伦理学史”所说正是一致，可知非是偶然。我最爱重汉王仲任、明李卓君、清俞理初这三位，尝称为中国思想界不灭之三灯，曾以语亡友玄同，颇表赞可，蔡先生在其书中盖亦有同意也。王仲任提示宗旨曰疾虚妄，李卓吾与俞理初亦是一路，其特色是有常识，唯理而复有情，其实即是儒家的精髓，惜一般多已枯竭，遂以偶有为奇怪耳。王君自昔不为正人君子所齿，李君乃至以笔舌之祸杀身，俞君幸而隐没不彰，至今始为人表而出之，若蔡先生自己因人多知其名者，遂不免有时被骂，世俗声影之谈盖亦是当然，唯不佞对于知不知略有自信，亦自当称心而言，原不期待听者之必以我为是也。

我与蔡先生平常不大通问，故手头别无什么遗迹可以借用，只有民国廿三年春间承其寄示和我茶字韵打油诗三首，其二是和自寿诗，均从略。一首题云“新年”，用知堂老人自寿韵，别有风趣，今录于下方：

> 新年儿女便当家，不让沙弥袈了裟。（原注：吾乡小孩子留发一圈而剃其中边者，谓之沙弥。《癸巳存稿》三，“精其神”一条引经了筵阵了亡等语，谓此自一种文理。）
>
> 鬼脸遮颜徒吓狗，龙灯画足似添蛇。
>
> 六么轮掷思赢豆（吾乡小孩子选炒蚕豆六枚，于一面去壳少许，谓之黄，其完好一面谓之黑，二人以上轮掷之，黄多者赢，亦仍以豆为筹码），数语蝉联号绩麻。（以成语首字与其他末字相同者联句，如甲说“大学之道”，乙接说“道不远人”，丙接说“人之初”等，谓之绩麻。）
>
> 乐事追怀非苦话，容吾一样吃甜茶（吾乡有“吃甜茶讲苦话”语）。

署名则仍是蔡元培，并不用别号。此于游戏之中自有谨厚之气，我前谈春在堂杂文时也说及此点，都是一种特色。蔡先生此时已年近古稀，而记叙新年儿戏情形，细加注解，犹有童心，我的年纪要差二十岁，却还没有记得那样清楚，读之但有怅惘，即在极小处前辈亦自不可及也。

报载蔡先生于三月五日以脑溢血卒于九龙，因写此小文以为纪念。廿九年三月六日。

（选自《记蔡子民先生的事》）

博古通今的蔡元培先生

王昭然

先生字鹤卿，乳名阿培。生于民前四十四年一月十一日（即前清同治六年十二月十七日）。十余岁遍读《史记》《汉书》《困学纪闻》《文史通义》《说文通训定声》等古代名著，十三岁受业于同邑理学家王君子壮。一经陶冶，即矢志于理学的实践。一次他的母亲病得很重，他就割臂和药以献，碰巧母亲一吃也就好了。十七岁考取秀才，二十三岁考取举人，二十五岁考取进士，即为翰林院编修，在清朝科场的功名可说是跑到了尽头。照一般看法，也许从此故步自封无所前进了。他却不然，马上又开始阅读译文书刊，努力接受新的思潮。这时康梁大唱变法维新，在原则上他是很表同情的。不过，他认为不先培植革新的人才，就想一气排斥顽旧以弋取政权是会失败的。这可能是他读史的心得。你看，以王安石的大气磅礴，结果，还不是失败在没有可用的干部吗！康梁失败后，他正回乡从事教育工作。这也许是他思想与行动一致的表现。最初担任绍兴中西学堂监督，极力倡导新思想。这时原配新丧，亲友纷纷劝其续弦，先生提出五个在当时认为骇人的条件。第一，女子不缠足。第二，女子须识字。第三，男子不娶妾。第四，男死女可再嫁。第五，夫妇意见不合可离婚。三十五岁担任南洋公学教授。李叔同、谢无量、黄炎培都是他的学生。那年冬天，兼任爱国女学管理，恰巧南洋公学发生风潮，他就辞去教授一职，另办一个爱国学社。并请吴稚晖、章太炎等人担任教员，同时为苏报写稿，以谋充实学校的经费。后来有声有色的苏报案即滥觞于此。三十七岁，他和王小徐、汪允宗等组织《警钟报》，曾手撰《新年梦》一篇，鼓吹“废财产，废婚姻”的社会主义。但是他曾经说过：“一介不苟取，然后可以言共产；坐怀而不乱，然后可以言公妻。”这几句话不啻是对目前挂羊头卖狗肉的主义而发。天下之事，却有如此之巧也。这年，由何海樵之介绍，他就加入了国父领导的同盟会。并在上海经营革命机关，联络同志，秘制炸弹，组织暗杀团。先生从日文转译的中文版德国名著《哲学要领》也是在这年九月出版的。

三十八岁，先生辞掉《警钟报》编辑职务，专任爱国女学校长，对学生灌输法国革命精神，及俄国虚无党主义。同时也要学生注意实用科学的物理化学。三十九岁，由于在上海长期的革命经营尚无结果，遂辞掉爱国女校校长一职。到了四十岁回乡一趟，担任了短期的绍兴劝学所所长，以与地方士绅意见不合，即又辞职赴北京译学馆担任西洋史的讲授。一上坛席，很受学生的欢迎。四十一岁，随驻德公使孙慕韩赴柏林，兼任商务印书馆局外编辑。在柏林一年，专习德语，课余并授留德唐氏子弟四人国文，以充学费。四十二岁到来比锡大学听讲，以后学三年，专心研究文学、哲学、人类学、文化史等，尤注意实验心理学、美学等科。四十四岁毕业，并出版《中国伦理学史》一书。四十六岁辛亥革命成功，南京临时政府成立。先生出任教育总长，袁继任总统后，先生仍长教育，旋以政见不合去职。是年出版所著《中学修身教科书》。次年，赴法学习法文，从事著作，并助李石曾先生办理留法勤工俭学。又替华工学校编著讲义四十篇。计德育三十篇，智育十篇，在《旅欧杂志》中陆续印行。同年完成《石头记索引》一卷，《欧洲美术小史赖斐尔》一卷，再后两年又出版《哲学大纲》一册。到了民国五年，返国就任北京大学校长。次年正式就任后，大刀阔斧发挥他理想中的计划，网罗新旧著名学者担任教授。新学者如胡适之、蒋梦麟、钱玄同，旧学者如林琴南、刘师培、黄季刚等，都先后到校授课。经此振刷，北大不但成了不折不扣的最高学府，而且在日后政治上也奠定了为国家培植高级干部人才的基础。从此桃李满天下，而“北大”两字成了国内学术界与政治圈内的金字招牌。民国八年五四运动的兴起，也无非是先生教育思想之发扬而已。这个职务一直担任到民国十二年才因外在的原因飘然引退。当辞职时，刊一启事，短短七十一字，传遍士林。其词曰：“我倦矣！杀君马者道旁儿。民亦劳止，汔可小休。我欲小休矣！北京大学校长之职已正式辞去。其他向有关系之各学校各集会，自五月九日起，一切脱离关系。特此声明，惟知我者谅之。”关于第二句竟引起学者的考证与索引，足见词人吐属毕竟非凡！辞职后即赴法休息。一直到民国十五年国民革命军北伐才回祖国。次年出任浙江省政府委员，继又先后担任中央监察委员、国民政府委员、大学院院长、外交讨论委员会委员、中央研究院院长、文化基金会董事等工作。真是所谓贤者多劳了。十八年五院成立，又出任第一届监察院院长。次年才以病辞去。

先生著作等身，思想线索所涉甚广，在短短的传记中当然无法加以转述。但有几点，不妨一提：

他的思想是富于中和性而不趋向极端。如革命发动之初，激烈者不特逐满，亦且要灭满，而先生则作《释仇满》以解之。如民元之北上迎袁，民二之奔走宋案，都曾参与其事，他并认为三民主义也是中和性的。他说：“中国民族富有中和性。在政论上，偶然虽有极端主张，如法家的极端专制，道家的极端放任，然而他们学说，均不久而转变，终不能不转到主中和的儒家。现在在三民主义中时时见到中和性的表现。”他又举出国父一面主张恢复固有道德、智识、能力，一面又主张向欧美迎头赶上；一面主张采用外国的三权，一面又主张加入我国固有的两权而成为五权宪法。至以权能的分开来中和了专制与放任的对立，以平均地权与节制资本来中和了维持私有财产与发展阶级斗争的对立；以中央与省分权来中和了中央集权与地方分权的对立，无一不体现了我国传统的中和民族性。这种见解是很值得味韵的。

其次他主张以美育代替宗教。他认为宗教在原始包含了理智、意志、情感三要素。后来逐渐随时代的进步而蜕变出去了。在这二十世纪的时期应当专以美育来代替宗教。这种见解也是很新颖的。

他对于青年运动也有很切实的见解，他认为青年运动大体可分两大类：一是普遍的运动。例如于星期及假期开设民众学校，于假期中做有益于社会的工作，如识字运动、造林运动等。一是非常的运动。例如五四及“三一八”等爱国运动，虽牺牲学业，亦有所不顾，这是万不得已而为之的。他又认为青年最基本的条件有三：（一）狮子样的体力。（二）猴子样的敏捷。（三）骆驼的精神。这是针对以往文弱书生之习气而发，很有针砭的作用。

（选自《博古通今的蔡元培先生》）

平易近人的教育家

刘海粟

蔡元培先生是我国近代史上开风气的导师之一。他的爱国精神，卓越人格，民主作风，渊博的知识，宏伟的气度，受到中外人民的景仰。通过他直接和间接的影响，为我们祖国造就了大量人才。我虽未从他受业，却得到过他的大力支持，方能在绘画和艺术教育事业方面，获得一点成就。

清末，蔡先生任教于南洋公学，创建过中国教育会、爱国学社、爱国女学，编过《外交报》《警钟》，兼任商务印书馆编译所长，传播民主主义思想，使青年们特别敬佩。1911 年春天，我读到他在德国所著的《中国伦理学史》一书，以显著篇幅介绍黄宗羲、戴震及俞正燮三家学说，鼓吹民权与女权，发前人所未发，令人猛省，带有拓荒的意义，使我耳目一新。

辛亥革命后，蔡先生作为首任教育总长，从爱国利民思想出发，改革教育，反对忠君尊孔，大胆提出：

> 世界观教育，就是哲学的课程，意在兼采周秦诸学、印度哲学及欧洲哲学，打破二千余年墨守孔学的旧习。提出美育，因为美感是普遍性，可以打破人我彼此的偏见；美学是超越性，可

以破生死利害之顾忌，在教育上应特别注重。对于公民道德的纲领，揭法国革命时代所标举的自由、平等、友爱三项。用古义证明说：自由者，“富贵不能淫，贫贱不能移，威武不能屈”是也，古者盖谓之义；平等者，“己所不欲，勿施于人”是也，盖古者谓之恕；友爱者，“己欲立而立人，己欲达而达人”是也，古者盖谓之仁。

蔡先生把法国资产阶级大革命的口号与儒家学说作了综合，使新老知识分子皆能接受。美育一说，更加引起我的共鸣。

我的同乡何海樵和蔡先生是朋友，他在上海对我说：“孑民先生三十六岁时，住在徐家汇南洋公学，每天早晨步行到土山湾从马相伯老人学习拉丁文，往返有十里之遥。有时五点便到，天尚未明。马老先生叫他八时后再来。他便按时再来，面无难色。你很年轻，要仿效他这种勤于治学的长处，有机会我介绍你们认识！”

我的姑父屠寄（敬山）先生，曾任过北大教席，并在蔡先生任处长的国史编纂处完成过史学专著《蒙兀儿史》。假期返回故乡常州，时而在为我讲书之暇谈到蔡先生的人品与学识，增加了我对蔡先生的尊敬。

1917 年，蔡先生在《新青年》杂志上发表了《以美育代宗教说》，我对“舍宗教而易以纯粹之美育”的论点表示赞同，便给他去信，希望他对上海美专给以支持。他很快寄来了亲笔复信。

1919 年 12 月，上海美专成立了校董会，由蔡先生任主席，开始革新教学内容，提高教学质量。他对校董会的工作是亲自过问的，如梁启超（任公）、袁希涛（观澜）、沈恩孚（信卿）、黄炎培（任之），都是由他提名之后聘任为校董的。因他远在北京，联系不便，便请黄炎培为驻沪代表。黄先生任江苏省教育会副会长，会址在美专对面。他为人热忱，工作负责，对学校提出不少好的建议。后来，我因模特儿事件受到军阀孙传芳的迫害，除了蔡先生极力声援之外，沈恩孚、黄炎培两位先生也给予很大支持。校董会在 1922 年 4 月改组一次，有人提了一些新的校董人选，蔡先生对待这件事十分慎重，曾写信来说：

> 惠书并校董事会函敬悉。弟对此事之办法已详复董事会函中。查董事诸君中，如钱士青、谭廉、唐熊、阮性存、张福增、章慰高等六位，弟不甚知其详，如蒙便中嘱书记抄赐各位履历一纸，幸甚。……

从这封小笺中可以看出蔡先生办事的认真，对于共事的人，一定要摸清底细，凡属他不愿共事的人，决不敷衍，答应承担的工作就认真抓好，反对挂空名不办事。

美专礼堂盖好，他主动写了“宏约深美”四个大字送到上海，我请人刻了楠木匾，挂在礼堂三十多年。1952 年在院系调整中丢失。

这四个字是他研究过古今中外许多大学问家的经历之后，得出来的科学结论，精确、概括，对治学的指导意义，至今也还没有消失，经得起实践的检验。

宏——指知识结构要博大宏伟，兼收并蓄，了解邻近各个知识部门之间的内在联系，广泛吸收，加以贯通，打下结实基础。知识贫乏，思想也会随之简单化，想取得卓越的成就是不可能的。

约——生命有限，时间宝贵，任何杰出的巨人，不可能在很多方面都获得惊人成果。当基础打好之后，由博趋约，从十八般兵器中选择一两种最合手的武器，否则精力分散，顾此失彼。贪多而消化不良，势必一事无成。一代学术大家梁启超还说：“吾辈病爱博，用是浅且芜。”一般人的主客观条件比不上梁先生，局限性更大，由博的基础上，辩证地解决博与约的对立统一关系。

深——指精通、发展、创造。在约的前提下重点突破，究本穷源。俗话说“打破砂锅问到底”。为学之乐，多在深中。在一般人深不下去的地方，你能够再开掘一层、两层以至很多层，自然会有新境地被你发现，不会人云亦云了。

美——美是指一种理想的境界，求学的人只能处于永恒的探索之中。美的疆境阔大无垠。比如登山，觉得前面的山峰高与云齐，上去之后，上面还有高山，不会有止境。对任何一门学问达到一定程度的完美，都要付出巨大的劳动，不劳而获的事是不会有的。天才便是若干积累起来的智慧。

总之，这四个字对美专师生，包括我个人，都起到了座右铭的作用。仔细阐述，可以写成一本专著，这里不赘。

在蔡先生去北大之前，那里是死水一潭，讲坛多数为复古派尊孔派所把持。他去北大之后，北京仍在军阀的统治之下，压制言论，实行独裁，清末官场各种腐败劣习，积重难返，并未扫除，政治空气污浊，他的改革具有大无畏的精神。今天，我们处于另一个新的时代，对于蔡先生在北洋军阀、安福系政客、袁世凯遗孽的浊流中做中流砥柱是多么困难，已经很难体会。由于他执行了兼收并蓄的办学方针，打破偏见，任人唯才，不结党营私，适应历史发展的潮流，推波助澜，使民主风气大开，在全国产生了深远的影响。五四运动是历史发展的必然产物，先生的功绩也是不可泯灭的。

我对他在北大倡导的学风很赞赏，决心加强教学力量，除聘请了一批名教授外，还邀请蔡先生、康有为、梁启超、高剑父、郭沫若、胡适、章士钊、叶恭绰、徐志摩等著名人物来讲学，较早地实行了男女同校，学生选课比较自由，组织学生到风景区旅行写生，也组织他们成立歌咏队、课余剧团，常常演出话剧和京剧，编辑《美术》杂志，这些都是受了北大的影响。

蔡先生很关心学生的野外写生。有一次，旅行写生队去杭州，为了减少开支，曾经请他写信介绍学生们住在文澜阁，他回信说：

> 连奉两函，敬悉。校歌及纪念册题词须稍缓始能送奉。展览会目录题签先奉上。
>
> 旅行实习队借住文澜阁之举，只需于研究院筹备事无碍，决无不可。惟弟离杭颇久，不知其详，已函告同事鲍絜胥君，嘱其酌定后径复尊处。……

不久，他便为学校写了校歌。

1921年，蔡夫人黄仲玉在北京病逝，他写了祭文，表示沉痛悼念。文中有“常克勤克俭，以养我之廉，以端正子女之习惯”等语，情文并茂，流传颇广。上海爱国女校也召开了追悼会，北京大学派学生会主席狄君武为代表，来沪参加悼念。狄君武知道我和蔡先生的关系，就找来一张照片，要我替蔡夫人赶绘一张遗像，挂在会场上。那时候照片放大技术还不普及，我用一天时间赶制出来，见过黄女士的人都说有些神似。追悼会开过，这张作品并没有拿回来，狄君武带到北京大学存放，作为一件纪念品。1927年下半年，蔡先生定居上海时，这张作品尚在。现在不知流落到什么地方去了。

1921年深秋，我写信给蔡先生，希望有机会到北京一行，一面好向他请教，一面画些北国风情，扩大自己的视野。

复书很快寄来，他约我到北大画法研究会去讲授《欧洲近代艺术思潮》，这件事使我很感到意外。我虽写过几篇论述印象派和后期印象派的文章，毕竟未到过欧洲，原作风貌如何，没有见过，心里很不踏实；国内的报刊上，又几乎没有看到过较有学术价值的著作和译文。怎么去讲学？不免有些紧张。

我找沈信卿先生征求意见。他说："既然有机会北上，便应当到北大去住一段时间，吸收一些好东西来改进美专的工作；也可以广泛地听听北京各界人士对美专的反响，肯定会有好处。学校的事我当稍尽微力，配合吕凤子教务长一同来管理好。"

凤子也说："你这两个月集中精力搜集材料，准备课程，学校里的事，我多承担一些。北京人才荟萃，希望能多聘几位名教授来充实我们的美专！"

刚好有位丁远同学很想去北京游历，我们便在 12 月 14 日下午同车入京。那年月火车走得很慢，在南京、徐州都停了很长时光，到了北京，人已经很困顿了。

走出车站，但见城墙绵亘如龙，巍峨壮丽的前门，耸立其上。澄空无云，城河清洌，微波粼粼。前门人闹马嘶，车辆络绎不绝，还有骆驼昂首阔步……早就向往的北国风情，深深地吸引着我。第二天便到河边，画前门剪影。围观者里外几层，大都用好奇的神色打量着我。

我和丁远对琐事略作安顿，便去背阴胡同拜访蔡先生。不想他脚上长疮，住在东交民巷德国医院。我走入病房，他已顺利地做过手术，精神很舒畅。在小桌上和床里边，堆放着很多德文和法文书，大都是美学论著，也有少量日文书刊，最引人注目的是莱比锡印制的西欧名家画集，装帧很考究。桌上放着眼镜、钢笔、记事本，也有毛笔和墨盒。阳光透过浅绿色窗帘射进来，色彩比较柔和。

"刘先生来得正是时候，我在医院里很寂寞，看了一些评论艺术的著作和画册，欢迎你常来谈谈，互相研究！"

他的声音很温和，说话极有条理，眼角上浅纹在闪动着，从眉心的皱纹看来，他不但经历过风霜，而且爱好思索。

"我很年轻，治学办校皆无经验，修养差，请蔡先生多多指教！"我多少有些拘谨，反映了地位和年龄的差别。

“你已经画过很多年，有一定心得，用不着过谦。北大成立了画法研究会，美学一课暂时没有人讲，我上了一段时间，因为生病停止，你来之后可以给研究会学员一些新知识。我希望这个研究会对中国画坛的除旧布新能起一点启蒙作用，才强调从事美术的人要终身不舍，兴到即来，时过情过，不持之以恒，断无成就。”

他的表情很严肃，却洋溢出对于年青一代的爱护之情。我的拘谨便很自然地消失了。

两天之后，我又去医院听他评论西方绘画。临行，他给我一封信，恳切地说：“北大三院没有好住处，住在东方饭店既贵又吵，不宜于作画读书和思考，还是住在北京美术学校去，那儿画家很多，吴新吾、姚茫父、王梦白、陈师曾都是很正直的艺术家，你们可以切磋绘画，我给该校校长写了信，你去找他，他会接待你的。”

蔡先生这样关怀，不是对我一个人的例外破格，而是对很多人都是这样。爱护人、识人、善于用人是他一贯的特点。

（选自《忆蔡元培先生》）

提携后学，不遗余力

刘开渠

蔡元培先生在新文化运动中，占有重要的历史地位。他思想进步，胸怀坦荡，能容各家学派，热爱各路人才。我在北京美术学校读书，还是个中学生的时候，蔡先生已经是北京大学校长。北京大学在当时是新文化运动的大本营。鲁迅、李大钊、陈独秀、张奚若、丁西林等许多著名人物，都在这里任过教。北大培养出不少人才。对于美术，蔡先生非常重视。他提出“以美育代宗教”，这是十分进步的主张。北大成立了画法研究会，并请胡佩衡、徐悲鸿等来任教。据说，我所在的北京美术学校，也是蔡先生提议建立的。

我和蔡元培先生非亲非故，他又比我年长二十来岁。我能学上雕塑，完全靠的是蔡元培先生的培养。可以这样说，没有蔡先生的帮助，我不仅不能搞上雕塑，很可能连美术这个专业都失掉了。

我在北京美术学校学习了十年，毕业后找不到工作，无以为生，在友人的帮助下，辗转到南京，在大学院谋到了一个职业，当书记员，一天到晚抄抄写写，完全丢掉了所学。大学院相当于教育部，蔡元培先生担任过一段时间大学院院长。大学院办公处，在当时也只不过是一座四合院。值得庆幸的是，我这个小职员也常能和蔡先生见面。他待人和蔼可亲，平易近人，没有官架子。

有一次在院里，我向蔡先生提出了一个要求，希望他能帮助我到法国去学习雕塑。蔡先生微笑着说：“想到法国去学雕塑是好事情，我们中国还没有派过专人去学，我记着这件事。”他态度很温和，声音也不大，可他的声音和笑貌，至今我还清楚地记得。

我是 1927 年 11 月向蔡先生提出要求的。这月底，林风眠等人由北京来到南京，蔡先生为他们成立艺术教育委员会。林风眠让我到委员会做办事员。我事不多，经常出去画画。林风眠想办个美术学校，找蔡先生去说，蔡先生听了非常高兴，说办就办，并说西湖是个风景优美的地方，去看看那里有没有房子，如有，就在那里办。林风眠看好了房子，美术学校很快就办起来了。1928 年 4 月开学，我任助教。开学典礼上，蔡先生讲了话。我找了个机会，又向他提起我想去法国学雕塑的事，蔡先生笑着说：“你的事，我一直记着，有机会就让你去！”

到 5 月，我就接到了大学院的委任书，委任我为驻外“著作员”，委任书上还清楚写明，月薪八十元。我喜出望外。我是个刚毕业的学生，蔡先生地位那样高，可他对我的事一直挂在心上，并能很快给我解决了。我万分感激。可我马上又想到另外一个困难，到法国去很远，我一个穷学生，哪里有钱买船票？我到南京找到蔡先生，蔡先生又笑一笑说：“我已经给你想好了，你先提前支半年的工资，接着再预支半年的工资，是一年的了。我还可以给你写封信给中法联谊会，转请法国轮船公司，票价可以打个折扣，这不就解决了？”蔡先生那么忙，还为我想的如此周到，真使我感动。

到了法国，蔡先生有时给我写信。有一次信里说：“我不在大学院了，你的工资我已嘱大学院照寄。”有时，他可能太忙，就让许寿裳（蔡先生好友和秘书）给我写信。

一·二八事件后，大学院不给寄钱了，蔡先生又及时来了信，让我回国。1933 年我回来，到杭州艺专教雕塑。蔡先生和鲁迅是好朋友，鲁迅经常去他那里坐。我去找蔡先生时，蔡先生不仅热情接待了我，还介绍给鲁迅先生。第二年，我想给蔡先生做个半身像，又怕他坐的时间太长太累，就向他索几张照片，蔡先生马上答应了。蔡先生总是这样，你有什么要求，他立即满足你。

抗日战争期间，我听到蔡先生在香港逝世的消息，痛苦极了。蔡先生为中国的教育事业，忙碌了一生，培养了大量人才。他的精神、他的事业，给中国的文化发展，留下了不可磨灭的影响。蒋介石恨他，早想暗杀他，但又怕影响太大，结果把杨杏佛先生暗杀了。蔡先生也被排挤到香港。

蔡先生有老一代教育家的严谨，又有新教育家的思想。对美术事业，可以说关心备至。抗日战争前的几十年，美术教育和许多画家的成长和美术工作的前进中都曾得到过蔡先生热情支持和帮助。应该说那时候美术事业能得到发展是与蔡先生功绩分不开的。他自己还亲手写有关美术的文章，介绍意大利文艺复兴时期著名画家拉菲尔等的作品。在当时禁锢的中国，他第一个这样做，是需要有非凡的见识和胆量的。

（选自《蔡先生帮助我赴法学习雕塑》）

一面有容，一面率真

梁漱溟

蔡先生一生的成就不在学问，不在事功，而只在开出一种风气，酿成一大潮流，影响到全国，收果于后世。这当然非他一人之力，而是运会来临，许多人都参与其间的。然而数起来，却必要以蔡先生居首。

我说运会是指历史演到那时，刚好是上次大战将了，好多旧事物于此结束，而人类一新机运于此初步展开。在社会人生、在经济、在政治种种上面都茁露新潮流，与十八九世纪所谓近代潮流者不同。而中国呢，刚好在感受近代潮流引发第一度革命之后，反动的袁氏帝制运动、清室复辟运动，此伏彼起，新旧势力相搏之际。蔡先生即于袁倒黎继、南北统一内阁之下，应教育总长范静生先生之请，出任北京大学校长。范先生原是蔡先生做民国第一任教育总长时引为次长的，两公之相得自不待言。而况蔡先生以清朝翰林为革命巨子，新旧资望备于一身。此时欲从扩演近代潮流之中，更进而输入最新潮流，使许多新意识在中国社会一面深刻化，一面普遍化，俾克服旧势力于无形，实在除蔡先生能肩负此任务外，更无他人具有这气力的了。

这还不单是说蔡先生能得政府和教育界的支持，蔡先生的资望品格能服人而已，更要紧的乃在蔡先生的器局识见恰能胜任愉快。从世界大交通东西密接以来，国人注意西洋文化多在有形的实用的一面，而忽于其无形的超实用的地方。虽然关涉政治制度、社会体俗的像是“自由”“平等”“民主”一类观念，后来亦经输入仍不够深刻，仍没有探到文化的根本处。唯独蔡先生富于哲学兴趣，恰是游心乎无形的超实用的所在。讲到他的器局、他的识见为人所不及，便从这里可见。因其器局大、识见远，所以对于主张不同、才品不同种种的人物，都能兼容并包，左援右引，盛极一时。后来其一种风气的开出，一大潮流的酿成，亦正孕育在此了。

关于蔡先生兼容并包之量，时下论者多能言之，但我愿指出说明的：蔡先生除了他意识到办大学需要如此之外，更要紧的乃在他天性上具有多方面的爱好，极广博的兴趣。意识到此一需要，而后兼容并包，不免是人为的（伪的）；天性上喜欢如此，方是自然的（真的）。有意的兼容并包是可学的，出于性情之自然是不可学的。有意兼容并包，不一定兼容并包的了；唯出于真爱好，而后人家乃乐于为他所包容，而后尽管复杂却维系得住。——这方是真器局、真度量。譬如在蔡先生包容中，当时发生最大作用的人，第一要数陈独秀先生，次则胡适之先生，且不论他们两位学问深浅如何，但都有一种本领，就是能以自己把握得的一点意思度与众人。胡先生额脑明爽，凡所发挥，人人易晓。当时的新文化运动自不能不归功于他。然未若陈先生之精辟广悍，每发一论，辟易千人。实在只有他才能掀起思想界的大波澜。两位先生固然同得到蔡先生的支持，却是胡先生为人和易平正，原不须蔡先生怎样费力支持；陈先生就不同了。在校内得罪人不少，在校外引起的反对更多。而且细行不检，予人口实。若非得蔡先生出大力气支持，便不得存立住。若问蔡先生何以能这般出大力气支持他呢？就为蔡先生虽知他有种种短处，而终竟对他的为人抱有真爱好，对他的言论主张具有真的同意和同情。——不是蔡先生，换任何一人都不会支持他，而在蔡先生，若不是真爱他、真同情他，亦不会支持他的。

胡先生的白话文运动是当时新文化运动的主干，然未若新人生思想之更属新文化运动的灵魂。此则唯借陈先生对于旧道德的勇猛进攻，乃得引发开展。自清末以来数十年，中西文化的较量斗争，至此乃追究到最后，乃彻见根底。尽管现在人们看他两位已经过时，不复能领导后进。然而今日的局面、今日的风气（不问是好是坏）却是那时他们打开来的。自然，说起当时人物并不止陈胡二位，例如李守常（大钊）、顾孟余、陶孟和、周树人、周作人、钱玄同、高一涵诸先生皆其著者，亦俱各有各的神通。所有陈胡以及各位先生任何一人的工作，蔡先生皆未必能做，然他们诸位若没有蔡先生，却不得聚拢在北大，更不得机会发抒。聚拢起来，而且使其各得发抒，这毕竟是蔡先生独有的伟大。从而近二三十年中国新机运亦就不能不说蔡先生实开之了。

这时，我个人固然同在蔡先生的聚拢包容之中，然论这运会却数不到我。因我不是属于这新派的一伙。同时旧派学者中亦数不到我。那是自有辜汤生（鸿铭）、刘申叔（师培）、黄季刚（侃）、陈伯弢（汉章）、马夷初（叙伦）等诸位先生。我只是在当时北京大学内得到培养的一个人，而不是在当时北大得到发抒的一个人。于此，我们又可以说，蔡先生的伟大非止能聚拢许多人，更能培养许多人。除了许多学生不说，如我这样虽非学生而实受培养者盖亦不少也。

我到北大任讲席，始于民国六年，而受聘则在其前一年，即蔡先生初接任校长之时。蔡先生之知我，是因我有《究元决疑论》之作，发表于上海《东方杂志》（约在民国五年夏连载于六、七、八三期，后来收入东方文库为一单行本）。此论之作盖兴感于黄远庸先生之惨死。那时我在北京得到远庸从上海写给我的信，同时读到他的忏悔录（渡美舟中作，发表于《东方杂志》），随亦听到他在美国被刺的讯息。此论发挥印度出世思想，指示人生唯一的路在皈依佛法。原稿寄给章行严（士钊）

先生。适章先生奔走倒袁离沪，为蒋竹庄（维乔）先生所得，付《东方杂志》刊出。不久袁倒黎继，蔡先生即应范公之请，由海外返国，我以自十几岁爱好哲学，很早读到蔡先生的《哲学要领》一类著作，久慕先生而未一深谈（民国元年我为新闻记者，蔡先生为阁员，见过几面），特因范公介绍晋谒先生于其家，不料一见面，先生就说要请我到北大任教的话。

我在北大前后共七年，即自民国六年至十三年（从新思潮的酝酿、五四运动的爆发，到国民党改组），中间曾因脑病求去两次，皆经蔡先生恳切挽劝而留住，其详不烦说了。七年之间从蔡先生和诸同事、诸同学所获益处，直接间接、有形无形，数之难尽。总之，北京大学实在培养了我。论年辈，蔡先生长于我二十八九岁，我只算得一个学生。然七年之间与先生书信往返中，先生总称我“漱溟先生”，我未尝辞，亦未尝自称晚生后学。盖在校内原为校长教员的关系，不敢不自尊，且以成蔡先生之谦德。后来离校，我每次写信，便自称晚学了。

近年四川报纸有传我初投考北大未见录取，后乃转而被聘为教授等，非事实。从上面所述可以看出（那时蔡先生以讲师聘我亦非教授）。不过我初到北大时，实只 24 岁，与诸同学年齿相若，且有比我大两岁者。如今日名教授冯友兰、顾颉刚、孙本文、朱谦之诸君皆当日相聚于课堂的。更有少时与我为同学友，而其时却正求学于北大的。如雷国能（在法科）、张申府（崧年，在理科）诸兄是。

当时蔡先生为什么引我到北大，且再三挽留我呢？我既不属新派（外间且有目我为陈、胡的反对派者），又无旧学，又非有科学专长的啊。此即上文所说，蔡先生具有多方面的爱好、极广博的兴趣之故了。他或者感觉到我富于研究兴趣，算个好学深思的人，放在大学里总是好的。同时呢，他对于我讲的印度哲学、中国文化等自亦颇感兴味，不存成见。这就是一种气度。这一气度完全由他富于哲学兴趣相应而俱来的。换言之，若胸怀意识太偏于实用，或有独断固执脾气的人，便不会如此了，这气度为大学校长所必要有的。老实说，这于一个为政于国的人有时亦同属必要吧！

由于蔡先生爱好哲学，又请来有哲学兴趣的教员，亦就开发了学生们的哲学兴趣。在我眼见的七年中，哲学系始终是最重要的一个学系。当其盛时，比任何一学系的学生都多。除了注册选修哲学课程者外，其他学生自由来听讲的亦很多。校外的人（例如琉璃厂高师的学生、太仆寺街法专的学生，还有些不是学生的人）经常来听讲者亦颇有之。注册部所安排的教室每不合用。就为按照注册人数安排的教室本可以容纳下，而临时来听讲的人数却加多，甚至加多达一倍，非调换大教室不可。依我自己的经验，当民国十二及十三年上半年，我讲儒家思想时，必须用第二院大讲堂才行。通常听讲人数总在二百人左右，到课程结束，举行考试时的试卷，亦有九十多本，此即正式注册的学生了。闻人言，近年（指抗战前和抗战中）南北各大学哲学系学生少得可怜，几乎没有人愿入哲学系。此固一时风气不同，然亦可见蔡先生当年倡导总算成功。

若问蔡先生何以能有这种种成功——他能罗致人才，能造成学风，能影响到全国大局，使后之言历史者不能不看作划时代的大节目，其成功之由果何在？我可以告诉你：此无他，他只是有他的真好恶。何谓真好恶？儒书上指点得明白："如好好色，如恶恶臭"便是。有真好恶，而后他的一言一动，不论做什么事，总有一段真意行乎其间。这样，他便能打动人。人或者甘心愿意跟着他走，或随着他，有一段鼓舞于衷而不自知。朱晦庵尝说的一句话："是真虎乃有风"，正谓此，他不要笼络天下人，他更不想强制天下人听他的。一切威迫利诱的手段，他都不用，然而天下人却自为他所带动，他毕竟成功了，毕竟不可磨灭地成功了。反之，那些玩手段的欺人自欺，抑或自觉得一世之雄，却每每白费力，落得一场空。这亦就是儒书上"不诚无物"一句话了。

总之，我所了解的蔡先生，其伟大在于一面有容，一面率真。他之有容，是率真的有容；他之率真，是有容的率真。更进一层说：坦率真诚，休休有容，抑或者是伟大人物之所以为伟大吧。

（选自《纪念蔡元培先生——为蔡先生逝世二周年作》）

蔡先生的四种精神

孙德中

谈到蔡先生的道德、学问和对于国家的贡献，凡是中年以上的知识分子，大概没有一个人不对他发生由衷的景仰，永久的怀念，了解他最深切的吴稚晖先生，称许他为“周公型之人物”“通人而兼学人”，这种高度推崇的话，出之于生平不屑对人作阿谀语的吴先生之口，格外显出蔡先生的伟大。

蔡先生的伟大处，可归纳为四点：宅心仁；处事公；待人恕；治学勤。这四种精神构成了蔡先生的人生态度和教育思想。

宅心仁。蔡先生幼年时代受母教与理学的陶冶，长又受西洋哲学、伦理、美学、民权学说的影响，所以很早就融合“民胞物与”与“人道主义”的精神。1903 年，邹容先烈著《革命军》，鼓吹要杀尽胡人，蔡先生即撰《释仇满》一文登于苏报，辩正种族歧见之不同存，仇杀观念之不可长。第一次留学德国时，赞成蔬食，他寄朋友信云：“我之蔬食，实偏重戒杀一义”，又云：“戒杀者，非伦理学问题，而为感情问题，感情及于动物，故不食动物，他年若感情又及于植物，则自然又不食植物矣”，其仁民爱物之心，何等的诚挚。

民国元年以后，蔡先生发表许多讨论教育与美育的文章，发挥仁的意义，格外透彻。他不只是发仁者之言，而是存仁心、行仁道，举止言动、立身处世、待人接物，无一不仁，可说几乎是仁的象征了。

处事公。蔡先生承认人皆有私心，但当求其能不以私害公，进而能为公而牺牲私。他在民元全国教育会议开幕时致辞中说："君主时代之教育，不外利己主义，现在此种主义已不合用，须立于国民之地位，而体验其在世界在社会有何等责任，应受何种教育，社会逃不出世界，个人逃不出社会，世界尚未大同，社会与世界之利害未能完全一致，国家为社会之最大者，对于国家之责任，未必无互相冲突之时，犹之对于家庭之责任不能无冲突也，国家家庭两种责任，不得兼顾，常牺牲家庭以就国家，则对于国家之责任，无冲突者为范围，可以例而知之。"

蔡先生存此公心，抱此远见，所以在民元讨论教育宗旨论文中，于加上公民道德教育之后，另外还要加上世界观教育和美感教育，且主张教育的终极目标，不应以政治性教育为限。

蔡先生对于中国士大夫门户之见，最为厌恶，因之，北京大学聘请教授，只问学问有无，不问背景关系，对于学术研究，也采兼容并包的态度，这种风气，蔚成北大的一种传统，因之，北大教授阵容最坚强，而范围最广泛，学术研究空气最自由，思想立场也最坚定。

待人恕。蔡先生平易和蔼，对上不谄不卑，对下不倨不傲，他律己极严，但待人很宽容厚道，所以人皆称为"老好先生"。傅孟真先生有一段话形容得最恰当，他说："蔡先生之接物，有人以为滥，这全不是事实，是他一种高深的理想上，与众不同。大凡中国人以及若干人，在法律应用上，是先假定一个人有罪，除非证明其无罪；西洋近代法律，是先假定一个人无罪，除非证明其有罪。蔡先生不特在法律上如此，一切待人接物，无不如此。他先假定一个人是善人，除非事实证明其不然，凡有一人以一说进，先假定其意诚，其动机善，除非事实证明其相反，如此办法，自然要上当，但这正是孟子所谓'君子可欺以其方，难罔以非其道'了。"

蔡先生的个性如此，所以任何客人都见，凡有请求都尽力协助，但他富有道义的精神，没有人敢以不义之事求他干的。蔡先生对古人古说，有所评论时，因为学术是后来居上，所以处处用体谅的态度立言；对于时人异说，有所解答批评时，总以谦和诚恳的态度，就事论事，作学理商讨，绝对没有轻薄讥讽语，从这里我们很可以看出蔡先生的恕德。

治学勤。蔡先生一生不断的求知，不断地充实自己，他从六岁入塾读书，十七岁开始教书，以后参加科考，充当翰林官外，大部分时间教书与革命。四十一岁起他往德国求学，民国元年，四十六岁，担任了七个月的教育总长，辞职后又到德国再做学生，此后又往法国读书数年，到民国五年冬回国，次年出长北京大学，民十七年主持中央研究院，他的一生没有离开过教育岗位，也没有离开过书本。别的不说，只就他能够以卸任教育总长的身份，再老老实实的缴费注册当学生，这一点就够令人佩服了。

（选自《一位大教育家》）

蔡孑民先生的贡献

王云五

蔡先生的贡献，方面甚多。现就其关系最大的三方面，即：（一）政治方面，（二）教育方面，（三）学术方面，按个人见闻所及，简单叙述如左。

一、政治方面

此可分为（甲）直接的，和（乙）间接的两部分。所谓直接的，系指蔡先生本人所致力，而发生直接的效果者。所谓间接的，系指受蔡先生的影响而发生间接的效果者。

蔡先生对政治方面直接的贡献，举其大者，为：（一）清末鼓吹革命；（二）民元首倡责任内阁；（三）民十四以后赞助国民革命。

（一）蔡先生在清末鼓吹革命，实导源于其爱国心与自由思想，自从甲午中日一役，国势陵夷，蔡先生爱国心长，愤懑之情，自很热烈，戊戌行新政，蔡先生虽然生性不喜赶热闹，未尝一访康梁，但他内心却很表同情；因此，是年八月六君子被杀，康梁被通缉，他很为愤懑，遂于九月携眷回绍兴。次年担任绍兴中西学堂总理，因容许新旧两派教员自由论辩，为该学堂督办（即校董）所不满。适《申报》载有一道正人心的上谕，就把这道上谕送来，请蔡先生恭录而悬诸学堂。蔡先生复书痛诋，并辞职；后经多人调停，始暂留。可见蔡先生的革命思想已肇端于彼时。因蔡先生为爱国心激动以后，再发挥其思想的自由，不为忠君的旧观念所束缚，自然而然地便走到革命的道路上。其后数年，蔡先生来上海，对内忧外患，接触更多，革命思想，益为坚定，所以在民国前十年，他便和一班同志，在上海发起中国教育会，被推为会长。该会虽以教育为掩护，暗中实在鼓吹革命。稍后，爱国学社、爱国女学、军国民教育会和《苏报》，等先后成立，蔡先生直接或间接上都是主持人，而其目的均在鼓吹革命，可是蔡先生的鼓吹革命，和当时邹容所作《革命军》，主张仇满的见解不同，曾于《苏报》中揭《释仇满》一文，谓"满人之血统久已与汉族混合，其语言及文字，亦已为汉语汉文所淘汰。所可为满人标识者，唯其世袭爵位及不营实业而坐食之特权耳。苟满人自觉，能放弃其特权，则汉人绝无仇杀满人之必要"云云，及辛亥革命，则蔡先生此种主张已成为舆论了。

当蔡先生发起中国教育会时，虽尚未与中山先生认识，然而志同道合，早于彼时发生精神上的合作。后来由何海樵氏介绍，加入中山先生所组织的同盟会，他对于革命工作，更积极进行。第一次留学德国期内，一面从事研究，一面鼓吹革命。因此，武昌起义，南京政府成立，便被任为第一任之教育总长。

（二）蔡先生在民元首倡责任内阁，系在临时政府北迁、唐少川氏组织南北混合内阁之时。此混合内阁中，除总理唐少川氏新入同盟会，蔡先生与王亮畴、宋遯初、王儒堂四阁员原系同盟会员外，其余皆非同盟会员。非同盟会员主行总统制，最当冲之财政军政大问题，皆直接由总统府处理，并不报告于国务会议。蔡先生固首倡内阁制最力者，愤然谓不能任此伴食之阁员，乃邀王、宋、王三氏密议，如力争无效即辞职，旋以四人公意告唐少川氏，唐亦赞成。其后唐氏辞职，蔡先生虽备受挽留，决不反顾，人或疑其何以固执若此，不知蔡先生熟虑彼时政情，非厉行内阁制不能抑总统之专制；合则留，不合则去，其政治家的风度，实开民国之先河也。

（三）蔡先生于民十四以后赞助国民革命，除始终在国民党中努力推行中山先生的遗训和指导后进以外，并于国民政府成立后，相继担任大学院长、监察院长、国民政府委员兼中央研究院院长等要职。每当国家的重要关头，蔡先生都能以元老资格斡旋大局。只因蔡先生恬淡为怀，外间或误认为蔡先生近年侧重于学术的提倡，而不知其与国家大计固息息相关也。

以上所述，皆蔡先生对于我国政治的直接贡献，至其间接的贡献也很重要，最显著的莫如五四运动。因为五四运动是由学生爱国运动为起点，而渐次达到全国爱国运动。这种运动的意义至为深远重大，而其起源则为蔡先生担任校长时的北京大学。其后北大人才辈出，直接间接助成国民革命，其功至伟。在此抗战建国期内，北大同学为国家致力者济济多士，溯其渊源，蔡先生实与有大力。

二、教育方面

此可分为（甲）行政的，（乙）实施的，和（丙）推广的三部分。略述如下：

蔡先生对教育行政方面的贡献，可先从其就第一任教育总长时所宣布之教育方针见之。先是，清末教育界感于国家之贫弱，或提倡军国民主义，或提倡实利主义；蔡先生则谓：“教育界所提倡之军国民主义及实利主义，固为救时之必要，而不可不以公民道德教育为中坚。欲养成公民道德，不可不使有一种哲学上之世界观与人生观，而涵养此等观念，不可不注重美育。”蔡先生所谓公民道德，依其自己所下之定义，盖以法国革命时代所揭示之自由、平等、友爱为纲；而以古义证明之，则“自由者，富贵不能淫，贫贱不能移，威武不能屈是也；古者盖谓之义。平等者，己所不欲，勿施于人是也；古者盖谓之恕。友爱者，己欲立而立人，己欲达而达人是也；古者盖谓之仁。”蔡先生所谓美育，依其所下之定义，则“美育为美感之教育。美感者，合美丽与尊严而言之，介乎现象世界与实体世界之间而为津梁。……在现象世界，凡人皆有爱恶惊惧喜怒哀乐之情，随离合生死祸福利害之现象而流转。至美术则以此等现象为资料，而能使对之者自美感以外，一无杂念。例如……火山赤舌，大风破舟，可骇可怖之景也。而一入图画，则转堪展玩。”蔡先生这种教育方针，虽因其不久便辞去教育总长之职，未能按其原意切实施行；然民国以来教育方针能兼顾各方面，不若清末头痛医头脚痛医脚支离杂碎之方针，则实由于民国元年蔡先生在第一任教育总长时期内所示的良范。至于教育行政之具体方案，如学制之改良，课程之修订，义务教育之推行，社会教育之注重，以及大学教育之推广整顿，无一不从民国元年蔡先生任教育总长时，作划时代的革新。民国十七年至十八年，蔡先生任大学院长时，除大致本其民元之方针外，并使大中小学的设施益加贯串，同时并注重学术研究之具体化。凡此都是蔡先生对于教育行政的贡献。

蔡先生对于教育实施的贡献，最显著的为：（一）讲学自由，与（二）人格陶冶。

关于讲学自由，蔡先生于清光绪二十六、二十七年任绍兴中西学堂总理时已开始实行。该校教员新旧两派并立，蔡先生一视同仁。新派中有提倡民权女权者，有提倡物竞争存之进化论者，旧派时加反对。蔡先生本人虽赞成新派，然对旧派教员仍予优容。民八以后蔡先生任北大校长，仍持同一态度。凡学有专长可为教授者，不因其思想稍旧或稍偏而弃置。据蔡先生说："我素信学术上的派别是相对的，不是绝对的；所以每一学科的教员，即使主张不同，若都是言之成理，持之有故的，就让他们并存，令学生有自由选择的余地。最明白的，是胡适之君与钱玄同君等绝对的提倡白话文学，而刘申叔、黄季刚诸君仍极端维护文言的文学，那时候就让他们并存。"甚至就我们知道的，还有挂着辫子的辜鸿铭氏，在那时候的北大教授英文学。可见蔡先生真是"无所不包"了。因为蔡先生有这样"无所不包"的度量，所以北大便在蔡先生主持的几年中间荟萃一时的人才，自由讲学，于是学风一变，人才蔚起。

关于人格陶冶，蔡先生于其先后所主持的各学校，都很注重，而且都有很显著的成绩，蔡先生之实施教育，除按他任教育总长时所定的教育方针，注重公民道德与美育外，并以他自己的高尚人格示其模范，所以时时和蔡先生接触的学生，真是如坐春风，自然而然地会将人格提高了。

蔡先生对于教育推广的贡献，就是在他担任校长的北京大学内，产生一个白话文运动，由这个运动树立了语体文教学与写作的根蒂，渐渐普遍于全国和各阶段的人，使我国的语文教学减少了许多的困难，读书求学的人增加了许多的便利。这固然是胡适之、钱玄同、陈独秀诸君的直接功劳，但是没有蔡先生以教育界领袖和旧学耆宿的提携赞助，纵然博得一般人的同情，上层阶级总是不肯让步和不屑仿行的。

三、学术方面

蔡先生对于学术的贡献，可分（甲）研究，与（乙）提倡两部分，叙述其概略。

蔡先生自己对于学术的研究，在二十九岁以前完全为旧学；三十岁始阅科学书；三十二岁始习日文；三十七岁始习德文；四十一岁第一次游学德国，研究哲学及美学；四十六岁第二次游学德国，研究世界文化史；四十七岁游学法国，习法语。旧学方面，自十七岁补诸生后，即不治举子业，专治小学、经学、史学。其治经，偏于训诂及大义，其治史，偏于儒林、文苑诸传、艺文志及其他关系文化风俗之记载。其议论奇特，文章古朴，然乡会试联捷，得翰林庶吉士，补编修，在蔡先生亦自以为出于意外。通籍后，更于书无所不读，备极淹博。新学方面，于文史哲之及美学多所研究，更能融会中外新旧，冶于一炉，当蔡先生六十五岁生日，中央研究院同人各为论文以庆祝，撰文人共上蔡先生之书，称其“萃中土文教之精华于身内，泛西方哲思蔓延于物外”。的系切当之言。蔡先生在学术上的独特创见甚多，最显著者为：（一）以科学方法整理国故；（二）以美育代宗教。其说影响于学术界至为深远。

蔡先生对于学术的提倡，除在北京大学促进研究之学风，甚著效果外，国立中央研究院之创设与主持，实为蔡先生对于我国学术之最大贡献。蔡先生以其无所不包之精神，树立研究不息之模范，网罗各科研究之专才，先后成立各研究所；虽为时未久，物力有限，成绩业已渐著，假以时日，并扩充经费，将不难媲美欧美各国之最高学术研究机关也。

（选自《蔡孑民先生的贡献》）

天下没有第二个蔡先生

林语堂

蔡先生就是蔡先生。这是北大同人的共感。言下之意，似乎含有无限的爱戴及尊敬，也似乎说天下没有第二个蔡先生。别人尽管可有长短处，但是对于蔡先生，大家一致，再没有什么可说的。所以也没人称他为蔡校长。做北大校长也好，中央研究院院长也好，教育部部长也好，总是给人心悦诚服的。一个国家有这么一个老成人，大家总觉得兴奋一点。何以这样？因为他是蔡先生。论资格，他是我们的长辈；论思想精神，他也许比我们年轻；论著作，北大教授很多人比他多；论启发中国新文化的功劳，他比任何人大。可惜他过去在我们战乱时期中，到现在还没有一个纪念碑。这回百年寿诞，大家以口为碑，以心为碑，以文为碑，是应该的。

北伐时代，他还为国事奔走，路过厦门。那时我在厦门大学主文科及国学研究院。北大名教授，如沈兼士、顾颉刚、鲁迅、张星烺、陈万里等都跑到厦大来，略有北大南迁的景象。蔡先生来（有马叙伦同行），我们北大同人自然十分热情的欢迎。刘树杞驱鲁迅，鲁迅走而学生驱刘树杞，引起极大学潮。我所请的北大教授一一走了，而我自己也走，赴武汉。那是民十六年春，那时刚刚要宁汉分裂，南京政府刚要成立。路过上海时，蔡先生劝我勿往武汉。我因为佩服陈友仁的英文及其革命外交，所以还是到武汉去。因为这些关系，宁汉合作以后，我退居上海之时，蔡先生出长中央研究院，拉我当英文总编辑。那时中央研究院在法租界亚尔培路。我的办公室安顿在二楼一间极小的房间，专放元明善版画，倒也清闲自在。却有一样，蔡先生和我都家居愚园路，每天上班，得与蔡先生同车，使我更亲切认识蔡先生。果然是一位温文尔雅的长辈，说话总是低微的声音，待人总是谦和温恭，但是同时使你觉得他有临大节凛然不可犯之处。他的是非心极明。本来他每餐必有绍兴酒，气色很红，到了他不高兴的时候，眼光炯炯有神。又我认识，在他一辈中，所谓有新思想、新学问的人物，只有蔡先生真懂得西洋的思想与文化。

民国二十三年周岂明（作人）先生年五十，偶作自寿诗寄登我编的《人间世》杂志。那时我也怂恿北大同人来和岂明的自寿诗登《人间世》。前后计有蔡先生、沈尹默、钱玄同（署名“无能子”）、刘复（半农）诸先生所和数首，并以墨迹刊出。岂明的诗用险韵，和颇不易，尹默居然和了七首，又极工，多愤慨语（“图中老虎全成狗，壁上长弓尽变蛇”），足以反映当日华北岌岌可危、人心愤懑之情。又岂明原题为偶作打油诗，故和诗亦多轻松谑语，故有“博士伪劳拾豆麻”之句（即指刘半农）。钱玄同也借兴骂桐城选学妖孽，更全以白话为诗（“要是咱们都出家，穿袈是你我穿裟”），尤为难得的白话七绝。蔡先生共和了三首，其中一首为绍兴儿时的回忆，倒也闲适。这也可说是过去的一段文坛佳话。

（选自《想念蔡元培先生》）

恕而能严，临危不惧

傅斯年

凡认识蔡先生的，总知道蔡先生宽以容众，受教久的，更知道蔡先生的脾气，不特不严责人，并且不滥奖人，不像有一种人的脾气，称扬则上天，贬责则入地；但少人知道，蔡先生有时也很严词责人。我以受师训备僚属有二十五年之长久，颇见到蔡先生生气责人的事。他人的事我不敢说，说和我有关的。

（一）蔡先生到北大的第一年中，有一个同学，长成一副小官僚的面孔，又做些不满人意的事，于是同学某某在西斋（寄宿舍之一）壁上贴了一张"讨伐"的告示。两天之内，满墙上出了无穷的匿名文件，把这个同学骂了个"不亦乐乎"。其中也有我的一件，因为我也极讨厌此人，而我的匿名揭帖之中，表面上都是替此君抱不平，深的语意，却是挖苦他。为同学们赏识，在其上浓圈密点，批评狼藉。这是一时学校中的大笑话。过个几天，蔡先生在一大会中演说，最后说到此事，大意是说：诸位在墙壁上攻击某君的事，是不合做人的道理的。诸君对某君有不满，可以规劝，这是同学的友谊。若以为不可规劝，尽可对学校当局说。这才是正当的办法。至于匿名揭帖，受之者纵有过，也决不易改悔，而施之者则为丧失品性之开端。凡做此事者，以后都要痛改前非，否则这种行动，必是品性沉沦之渐。

这一篇话，在我心中生了一个大摆动。我小时，有一位先生教我“正心”“诚意”“不欺暗室”，虽然《大学》念得滚熟，却与和尚念经一样，毫无知觉。受了此番教训，方才大彻大悟，从此做事，决不匿名，决不推自己的责任。大家听蔡先生这一段话之后印象如何我不敢知，但北大的匿名“壁报文学”从此减少，几至绝了迹。

（二）蔡先生第二次游德国时，大约是在民国十三年吧。那时候我也在柏林。蔡先生到后，我们几个同学自告奋勇照料先生，凡在我的一份中无事不办了一个稀糟。我自己自然觉得非常惭愧，但蔡先生从无一字责备。有一次，一个同学给蔡先生一个电报，说是要从来比锡来看蔡先生。这个同学出名的性情荒谬，一面痛骂，一面要钱，我以为他此行必是来要钱，而蔡先生正是穷得不得了，所以与三四同学主张去电谢绝他，以此意陈告先生。先生沉吟一下说：“《论语》上有几句话，‘与其进也，不与其退也，唯何甚？人洁己以进，与其洁也，不保其往也。’你说他无聊，但这样拒人于千里之外，他能改了他的无聊吗？”于是我又知道读《论语》是要这样读的。

（三）北伐胜利之后，我们的兴致很高。有一天在先生家中吃饭，有几个同学都喝了点酒，蔡先生喝得更多。不记得如何说起，说到后来我便肆口乱说了。我说：“我们国家整理好了，不特要灭了日本小鬼，就是西洋鬼子，也要把他赶出苏伊士运河以西，自北冰洋至南冰洋，除印度、波斯、土耳其以外都要‘郡县之’。”蔡先生听到这里，不耐烦了，说：“这除非你做大将。”蔡先生说时，声色俱厉，我的酒意也便醒了。

此外如此类者尚多，或牵连他人，或言之太长姑不提，即此三事，已足证先生责人之态度是如何诚恳而严肃的，如何词近而旨远的。

蔡先生之接物，有人以为滥。这全不是事实，是他在一种高深的理想上，与众不同。大凡中国人以及若干人在法律之应用上，是先假定一个人有罪，除非证明其无罪；西洋近代法律是先假定一人无罪，除非证明其有罪。蔡先生不特在法律上如此，一切待人接物，无不如此。他先假定一个人是善人，除非事实证明其不然。凡有人以一说进，先假定其意诚，其动机善，除非事实证明其相反。如此办法，自然要上当，但这正是孟子所谓“君子可欺以其方，难罔以非其道”了。

若以为蔡先生能恕而不能严，便是大错了。蔡先生在大事上是丝毫不苟的。有人做了他以为大不可之事，他虽不说，心中却完全有数。至于临艰危而不惧，有大难而不惑之处，直有古之大宗教家可比，虽然他是不重视宗教的。关于这一类的事，我只举一个远例。

在五四前若干时，北京的空气，已为北大师生的作为动荡得很了。北洋政府很觉得不安，对蔡先生大施压力与恫吓，至于侦探之跟随，是极小的事了。有一天晚上，蔡先生在他当时的一个“谋客”家中谈此事，还有一个谋客也在，当时蔡先生有此两谋客，专商量如何对北洋政府的，其中的那个老谋客说了无穷的话，劝蔡先生解陈独秀先生之聘，并要约制胡适之先生一下，其理由无非是要保存机关、保存北方读书人一类似是而非之谈。蔡先生一直不说一句话，直到他们说了几个钟头以后，蔡先生站起来说：“这些事我都不怕，我忍辱至此，皆为学校，但忍辱是有止境的。北京大学一切的事，都在我蔡元培一人身上，与这些人毫不相干。”这话在现在听来或不感觉如何，但试想当年的情景，北京城中，只是些北洋军匪、安福贼徒、袁氏遗孽，具人形之识字者，寥寥可数，蔡先生一人在那里办北大，为国家种下读书、爱国、革命的种子，是何等大无畏的行事！

蔡先生实在代表两种伟大的文化，一是中国传统圣贤之修养，一是法兰西革命中标揭自由、平等、博爱之理想。此两种伟大文化，具其一已难，兼备尤不可觏。先生殁后，此两种伟大文化在中国之寄象已亡矣。至于复古之论、欧化之谈，皆皮毛渣滓，不足论也。

（选自《我所景仰的蔡先生之风格》）

追慕先生之崇高人格

顾孟余

先生之逝世，使吾人于患难中更加一层之悲哀。悲哀之余，吾人首应感谢上天，曾生此伟大之导师于中国，领导教育事业数十年，建立了新教育的基础，尤当追慕先生之崇高人格，使青年永远有所师效，有所鼓励。

先生的道德学问，方面很多，生平经历，亦甚广泛。故欲述先生之遗教，诚非易事，今仅就个人一时所能忆及先生长北大时之事迹，言其梗概。

先生生于中国有史以来世变最亟之时代，其所接触之人物，所闻见之事故，所观摩之学术流派，类别繁复，因之其思想亦最少受时地之限，而能融会贯通。先生曾从事考据之学，且在大学研究所（心理学、史学）曾亦致力于精深之探讨，但时时不忽略人类知识各部门之关系，及一切知识之统一与一切科学之统一。此虽由先生多闻博览，且自少年即于理学有深造，而先生留学欧洲之年，适当专家学风已超过顶巅，综合观察又复抬头之时，先生所从学者，又皆宏深博大之辈，此亦为影响其治学态度之成分。先生以精神科学与自然科学为形成世界观与人生观之两大知识基础，故其主持北大时，集全力整顿文理两科，将职业专科，如商工科，归并他校。其改革北大，条理纷繁，兹不能详。然其主要意义，则在肃清千百年深入中国读书人心理之科举遗毒，而代以思想自由与研究自由，此在中国文化史上，关系甚大。其第一收获，即为开辟以科学方法整理国学之途径。

先生之施教，不限于知识，其感化力乃在其伟大之人格。先生处世接物，惟以忠恕，持身廉洁，事不居功，故不言而众服。其感召青年以此。当五四运动后之数年，政治解体，学生虽间有过分之举，而品行堕落或流为自私者绝少，其大多数在性格上皆卓然有以自立。此非先生潜移默化之功欤？

先生长校数年，以政治环境关系，在校之时少而离校之时多。离校之时，校务不但不陷停顿，且能依照计划以进行者，则以先生已树立评议会及各种委员会等之制度。此制度之精神，在以教授治理校务，用民治制度，决定政策，以分工方法，处理各种兴革事宜。然而非校长之清公雅量，则此制度不克成立，非师生绝对信赖校长，此制度不易推行也。

大战之后，先生游历欧美，见各国皆汲汲提倡青年体育，朝野议论，多重军备，憬然于国际和平，国际公法之不可靠，归校后力劝学生注重体育，并添设兵操、射击及军事学诸课，聘军事家蒋百里、黄膺白诸君任教职。此距今以前近 20 年之事，其眼光之远，及期待青年之殷，于此见之。

（选自《忆蔡孑民先生》）

附　录：蔡元培年谱

张乐天　檀传宝

1868 年（清同治六年）

1 月 11 日（阴历十二月十七日）亥时，蔡元培出生于浙江省绍兴府山阴县城内笔飞弄。祖父蔡廷桢（又名嘉模，字佳木），经营当铺业；父蔡宝煜（又名光普，字耀山），为一钱庄经理。母周氏。乳母陈氏，兄元钫，弟元坚。

蔡先生小名宜哥，小字意可，又小名阿培。入私塾后取名元培，原字鹤卿，旋改为仲申，别号鹤庼。此后曾用名民友、孑民、蔡振、周子余等。

1872 年（清同治十一年）

入家塾读书。塾师周先生，“宿儒”。

9 月 28 日（阴历八月廿六日）祖父延桢公去世。

1877 年（清光绪三年）

8 月 2 日（阴历六月廿三日），父宝煜公因病去世。家道中落，无力再聘塾师，遂到姨母家附读，塾师章云圃。

1878 年（清光绪四年）

在对门李申甫所设私塾就读。

1879 年（清光绪五年）

始学八股文。

1880 年（清光绪六年）

在王懋修所设私塾就读。王师字子庄，为本县秀才，服膺宋明大儒。元培从学四年，颇受其影响，尚称：“二十岁以前，最崇拜四年。”

1883 年（清光绪九年）

中秀才。在其叔父铭恩家借阅藏书；得补不少经典、考据及辞章之学（此前铭恩已开始指点元培）。

1884 年（清光绪十年）

始任塾师，授业于姚家，学生三人。

1885 年（清光绪十一年）

在单家任塾师，学生四人。9 月（阴历八月）赴杭州，乡试未中。

1886 年（清光绪十二年）

2 月 4 日（阴历正月廿二日）母周太夫人病故。

到同乡徐友兰家为其子维则伴读，并为其校勘所刻图书。徐友兰及其兄徐树兰搜藏图书及碑版十分丰富，在此四年，元培得以博览群书，学问大进。

1888 年（清光绪十四年）

赴杭州应乡试，未中。始“以九经诸子假借之字，倒句互文之法”作文，即所谓“怪八股”。

1889 年（清光绪十五年）

4 月（阴历三月）与王昭女士结婚。婚后第 7 天赴科考，列第一；8 月底再赴杭州应乡试，9 月初考试，10 月 9 日发榜，得中第 23 名举人。

1890 年（清光绪十六年）

春季（三月）赴北京应会试，得中第 80 名贡士，因故提前离京未参加本科殿试。1892 年春入京补考殿试，被取为二甲三十四名进士，授翰林院庶吉士。

1891 年（清光绪十七年）

仍在徐氏（友兰）铸学斋读书、校书。

1892 年（清光绪十八年）

春（3 月），往北京，补应殿试、朝考。6 月 8 日受光绪帝召见。

1893 年（清光绪十九年）

出游宁波、上海、南京、镇江、香港、广州等地。在香港曾为一商行主人书写对联云："遇事虚怀观一是，与人和气察群言。"

1894 年（清光绪廿年）

6 月 1 日（阴历四月廿八日）光绪帝召见王辰科散馆人员。元培以二甲庶吉士被授为翰林院编修。应李慈铭之请教其嗣子李承侯。

甲午战争爆发，思想受到震动，开始涉猎西方译著及新学书报，留意时事及维新思潮。

1895 年（清光绪廿一年）

供职翰林院。秋往南京，访张之洞。后回绍兴。

1896 年（清光绪廿二年）

在故乡广泛阅览，关涉新学者有郑观应《盛世危言》、梁启超《西学书目表》等。11 月 3 日（阴历十月初九）长子阿根生。年底返京。

1897 年（清光绪廿三年）

供职翰林院。应试保和殿，此试为各省主考学政及会试同考官人选而设。忧愤于国事。

1898 年（清光绪廿四年）

继续供职翰林院。与王式通等友人组成东文学社，开始学读日文书籍。开始疏证《石头记》。

秋，戊戌变法失败，痛感清廷"无可希望"，遂请长假携眷离京返回故里。年底任绍郡中西学堂总理。生次子无忌。

1899 年（清光绪廿五年）

继续主持绍兴中西学堂，并兼任嵊县剡山书院院长。

1900 年（清光绪廿六年）

绍兴中西学堂新旧派常起辩论，元培因同情新派而遭人忌恨，愤而辞职。

6 月 5 日（阴历五月初九），王昭夫人病逝。

1901 年（清光绪廿七年）

8 月，在上海澄衷学堂任职。9 月任上海南洋公学特班总教习，该特班生中有黄炎培、邵力子、李叔同、胡仁源等。

12 月，与张菊生等筹办《外交报》。

1902 年（清光绪廿八年）

1 月 1 日（阴历十一月廿二日），与黄世振（仲玉）女士结婚。

4 月与叶瀚、蒋观云、黄宗仰等在上海成立中国教育会，被推为会长，开始以教育言革命。

7 月游历日本，数日后即伴吴稚晖归国。

11 月，南洋公学发生风潮。元培辞职支援学生，并接纳退学诸生成立爱国学社。长子阿根病逝时元培正在赴宁筹措学社经费途中，闻讯后含泪登轮。是年冬，再与蒋智由等人在上海创设爱国女学。经张元济推荐，受聘商务印书馆，任编译所所长。

1903 年（清光绪廿九年）

与吴稚晖、章太炎等宣传反满革命。4 月，在《苏报》发表《释仇满》，反对偏执的“杀尽满人”之说。为响应留日学生拒俄运动，爱国学社组织义勇军，进行军训。元培“剪发，服操衣，与诸生同练步伐”。6 月，中国教育会与爱国学社发生分裂，辞去会、社职，于中旬去青岛。月底，“苏报案”发生。10 月，其由日文译出的德人科倍尔的《哲学要领》由商务印书馆出版。

12月，与王小徐、汪允宗等组织对俄同志会，并出版《俄事警闻》日报。

1904年（清光绪三十年）

2月，《俄事警闻》发表其表达“造个新中国”思想的白话小说《新年梦》。不久该报改名《警钟》日报，蔡元培任主编，为时半年。

秋，参加军国民教育会暗杀团。

冬，在上海发起成立光复会，任会长，并促成陶成章、徐锡麟等东南地区革命派的联合。

长女威廉生。

1905年（清光绪三十一年）

3月，《警钟》日报因鼓吹革命而遭查封。

8月，同盟会在东京成立，华兴会、日知会、光复会皆参加。10月，由黄兴主盟入同盟会并被孙中山委派为上海分会会长。

1906年（清光绪三十二年）

春，绍兴新设学务公所，元培应聘总理，不久辞职。6月往上海迎接章太炎出狱。

秋，清廷拟派翰林编检出国留学，元培北上销假等候派遣。在京期间尚受聘译学馆教习。

译日本井上园著《妖怪学讲义录总论》一书，由商务印书馆出版。

三子柏龄生。

1907年（清光绪三十三年）

经人说项，新任驻德公使孙宝琦允由使馆支银助其半工半读。6月离京，经西伯利亚赴德。抵德后，在柏林习德语，编译书籍并兼任唐绍仪侄家庭教师，授国文。

1908年（清光绪三十四年）

秋，入莱比锡大学学习，历经四年。在莱比锡大学先后听冯德

（Wilhelm Wundt）的心理学和哲学史，福恺尔（Vokelt）的哲学，兰普莱西（Lemprechs）的文明史，司马罗（Schmalso）的美术史，符来（Woller）的民族史等，并进兰普莱西教授的文明史与世界史研究所研究。从第三年起注意美学，研读康德著作。

1909 年（清宣统元年）

继续研修于莱比锡大学。所译包尔生（F.Paulsen）之《伦理学原理》10 月由商务印书馆出版，署名“蔡振”。

1910 年（清宣统二年）

继续在莱比锡大学学习。专著《中国伦理学史》由商务印书馆出版。

1911 年（清宣统三年）

编著《中学修身教科书》由商务印书馆出版。10 月获悉武昌起义讯，由莱比锡往柏林，与留德学生一起进行声援活动。

12 月，经由西伯利亚回国，抵上海。

1912 年（民国元年）

1 月 3 日，民国成立，任临时政府教育总长。2 月发表《对于教育方针之意见》。

2 月受孙中山委派任迎袁（世凯）专使。抵京后，袁制造兵变，胁迫南方允其在北京就职。

3 月，唐绍仪内阁成立，留任教育总长。

4 月底赴京视事，对全国教育进行若干改革。

5 月 16 日出席北京大学开学典礼，强调“大学为研究高尚学问之地”。

7 月，因不满袁氏专权与王宠惠、宋教仁等退出内阁，不再“伴食”。9 月，携眷再度赴德，仍进莱比锡大学研修。

1913 年（民国二年）

6 月，宋教仁被刺案发生，奉召回国抵沪。

7 月，“二次革命”爆发，与吴稚晖、张继等在上海创办《公论》晚报，撰文主张讨袁。

9月，“二次革命”流产，离沪赴欧，居法国巴黎附近，习法语并从事译著。

1914年（民国三年）

与汪精卫、李石曾等人筹办《学风》杂志。欧战爆发后移住法国西南部小城都鲁士。

1915年（民国四年）

所编译之《哲学大纲》由商务印书馆出版。

6月，与李石曾等在法组织“勤工俭学会”。

受教育部委托撰写《1900年以来教育之进步》一文，以提交巴拿马万国教育会议。

1916年（民国五年）

3月，与李石曾、吴玉章、欧乐等中法人士发起成立“法华教育会”，任中方会长。

4月，与李石曾等在巴黎办华工学校，后编成《华工学校讲义》40篇，并参与招考教师、授课等事务。

《石头记索隐》一书在上海《小说月报》“名著”栏连载。

9月，接北京政府教育总长范源濂电，请任北京大学校长。10月与吴玉章一起回国。12月23日由沪抵京。26日由总统黎元洪签署的北大校长委任令正式发表。

1917年（民国六年）

1月4日，到北京大学视事，9日发表就职演说。13日聘任陈独秀为文科学长。

4月在北京神州学会发表《以美育代宗教》演讲，不久见刊于《新青年》杂志。

7月，张勋复辟，愤而辞职，事平后复任。

11 月聘任李大钊为图书馆主任。

12 月创办孔德学校，被推为会长。

本年北大诸项改革均已出台。如废三年制独立预科为二年制文、理、法三科之附设预科；商科改为商业门，隶属法科，不再招生；工科并入北洋大学，不再招生；实行学分制，等等。

1918 年（民国七年）

1 月在北大发起成立进德会，发表《进德会旨趣书》。此后经其发起的组织尚有画法研究会（2 月）、新闻研究会（10 月）等。

5 月，北大学生请愿，要求政府废止中日军事协定。

11 月，北京大学月刊创刊，为撰发刊词。月底，第一次世界大战以协约国取胜而告结束。北京学界举行提灯会祝捷，元培在天安门演讲会上先后作了题为《黑暗与光明的消长》《劳工神圣》的演说。

1919 年（民国八年）

3 月 18 日撰写《致〈公言报〉并答林琴南函》，反击林氏对北大及新文化运动的指责。

5 月 3 日，将获悉的北京政府准备在丧权辱国的巴黎和约上签字的消息告知学生骨干。5 月 4 日，五四运动爆发后，与北京各校校长积极奔走营救被捕学生。7 日被捕学生返校，9 日辞校长职悄然离京南下。后经各方挽留，于 9 月 12 日由杭返京复任。

11 月 9 日在北京女子高等学校发表演说《国文之将来》，认为“白话派一定占优胜”。12 月 1 日在《晨报副刊》发表《文化运动不要忘了美育》一文。

1920 年（民国九年）

1 月 15 日在少年中国学会发表《工学互助团的大希望》演讲；18 日出席北大平民夜校开学典礼并演说。

春，北大文科先后招王兰等 9 名女生旁听。暑假后北大正式招女生入学，开男女同校之先河。

4月发表《洪水与猛兽》一文。5月为《新青年》的“劳动节纪念号”题词：“劳工神圣。”

11月陪同杜威往长沙讲学。月底由上海乘船赴欧美考察。12月，偕女威廉抵法。

1921年（民国十年）

1月，黄仲玉夫人在北京逝世。在巴黎期间，参与处理留法学生善后事务会议，发布通告，宣布华法教育会与留法勤工俭学会脱离经济关系。

3月，在巴黎访晤居里夫人，在柏林访问爱因斯坦。5月，法国总统授予三等荣光宝星；里昂大学授以文学博士荣誉学位。

在欧期间元培先后访问了法国、瑞士、德国、奥地利、匈牙利、荷兰、英国等。6月抵美国纽约。

6月8日，纽约大学授以法学博士荣誉学位。8月6日受教育部委托赴檀香山出席太平洋教育会议。9月返抵上海、北京。

10月开始在北京大学为学生讲授《美学》课程。12月23日中华教育改进社成立，被推为董事长。

1922年（民国十一年）

3月20日，发表《教育独立议》一文。4月9日，出席在北大召开的非宗教同盟大会，发表演说《非宗教运动》。

5月14日领衔发表《我们的政治主张》。

9月被推为学制会议主席，主持审订“新学制”。12月15日出席在北大召开的世界语联合大会，任主席并致辞。

1923年（民国十二年）

1月17日，因不满教育总长彭允彝干涉“罗文干案”，愤而辞去北大校长职。23日发表《不合作宣言》，誓不与黑暗政治同流合污。

7月与周峻（养浩）女士在苏州结婚，携眷赴欧，8月抵比利时布鲁塞尔。

1924 年（民国十三年）

1 月 20 日在广州举行的中国国民党“一大”上被选为候补中央监察委员。

1 月由比利时迁居法国。

4 月赴伦敦，力促英国退还庚子赔款用以兴办中国教育文化事业。

11 月 21 日向德国汉堡大学报名入学，研究民族学。

1925 年（民国十四年）

旅德，继续民族学研修。

3 月，孙中山逝世，撰祭文、挽联，并在伦敦、里昂等地追悼会上致词。

6—7 月，致电北大及全国各团体对五卅爱国运动表示声援，主张中国单方面宣布废除不平等条约。在汉堡撰文《为国内反对日英风潮敬告列强》，译成英、法、德文分送欧洲各国报刊发表，说明真相，声援、策应国内斗争。

1926（民国十五年）

1 月，国民党“二大”在广州召开，当选为中央监察委员。

2 月，应北京政府教育部电促回国抵上海。

4 月 2 日复函北大评议会及代理校长蒋梦麟，表示暂难北上。

5 月在上海参加皖苏浙三省联合会，策应北伐。12 月 23 日孙传芳下令取缔该会并通缉蔡元培、沈钧儒等七十余人。元培避往福建。

12 月，被委任浙江政治会议委员。

1927 年（民国十六年）

3 月 1 日，浙江监时政治会议在杭州召开，以委员代张静江为主席。拟订《革新浙江政务之计划》。

4 月 9 日与吴稚晖、张静江、李石曾等联名发表《护党救国》通电。

4月18日南京国民政府成立，被推举向主席胡汉民授印。27日被任命为教育行政委员会委员。

5月，国民党中央政治会议决议设立中央研究院筹备处，被推为筹备委员。6月，提议试行大学区制。6月17日被任命为国民政府大学院长，10月大学院正式成立，宣誓就职。

11月20日，中央研究院筹备会议通过组织条例，被推兼院长。理化实业、社会科学、地质等研究所及观象台分别开始设立。

1928年（民国十七年）

1月，《大学院公报》创刊，撰发刊词。

2月21日发布全国废止春秋祀孔的大学院通令。

4月23日被正式任命为中央研究院院长。

6月9日国立中央研究院召开第一次院务会议。中研院正式成立。

8月17日请辞中央政治会议委员、国民政府委员、大学院长、代理司法部长等本兼各职，携眷离南京，定居上海。

10月3日辞去大学院长职，此后专任中研院院长。31日，国民政府公布中央研究院组织法，中研院直隶中央政府。

1929年（民国十八年）

1月，被推为中华教育文化基金会会长。

8月兼任国立北平图书馆馆长。

9月，为平息北大师生反对并入北平大学区风潮再次被任命为北京大学校长，但未到任，由陈大齐代理，一年后辞去校长名义。

9月为《安阳发掘报告》（第一期）撰序。

11月，为李季著《马克思传》作序。

1930年（民国十九年）

1月，发表《中央研究院过去工作之回顾及今后努力之标准》。2月出席中国社会学会成立大会，发表《社会学与民族学之关系》演说。

10 月联名致电湖南省府主席何键要求释放杨开慧。

11 月，以中央研究院名义具呈国民政府，要求吊销借游历名义盗窃我珍贵文物者英人斯坦因护照，勒令其出境。

1931 年（民国二十年）

3 月被推为西陲学术考察团理事长。

9 月参与调解宁粤对立，10 月再次受派为宁方代表出席宁粤和平会议，参与和谈。

12 月被任命为专为负责处理“九一八”事变后学生运动而设的国民党中央特种教育委员会委员长。15 日与陈铭枢在南京中央党部会见北平请愿学生时受到冲击，但仍表示：“个人对于学生救国之轨内行动，纯洁热情，仍愿政府与社会加以爱护。”

本年 2 月、8 月先后参与营救左翼作家胡也频、共产党人邓演达等。

1932 年（民国廿一年）

1 月，日军侵沪。2 月 1 日与各国立大学校长致电国际联盟，要求制止日军暴行。

夏，与宋庆龄等致电国民党中央，要求释放牛兰夫妇。

10 月 23 日致电国民党中央要求宽释陈独秀。

12 月 17 日与宋庆龄、杨杏佛等以中国民权保障同盟筹备委员会名义发表宣言。30 日主持在上海华安大楼举行的中外记者招待会，宣告同盟成立，任同盟临时中央执行委员会副主席。

1933 年（民国廿二年）

1 月 3 日函邀鲁迅加入民权保障同盟，得其应允。

2 月 17 日与宋庆龄、鲁迅等接待来访的萧伯纳。

5 月 13 日与宋庆龄等赴德国驻沪领馆，抗议法西斯残害无辜。

6 月 18 日，杨杏佛惨遭暗杀。当日致电国府主席林森、行政院长汪精卫，要求“饬属缉凶，以维法纪”。随后忍痛主持安排后事及葬礼等。

10月底，要求国民党中央解禁邹韬奋主编之《生活周刊》。

1934年（国民廿三年）

1月1日发表《我在北京大学的经历》一文；4月5日发表《我所受旧教育的回忆》。

6月18日，聘丁文江为中央研究院总干事。

7月1日，在新加坡《星洲日报》发表《日本往哪里去》一文。

12月10日，在南京中央大学发表《民族学之进化观》演说。

本年3月、9月先后参与营救李少石、范文澜。

1935年（民国廿四年）

4月25日向国民党中央政治会议提出国立中央研究院评议会条例草案，请核定交立法院审议。9月在南京主持中研院第一届评议会第一次会议。

5月20日，《对于读经问题之意见》一文发表，认为除大学有关科系外，“小学生读经是有害的，中学生读整部的经，也是有害的”。

7月31日，印发启事：（一）辞去一切兼职；（二）停止接受写件；（三）停止介绍职业。

10月，为《中国新文学大系》撰总序，盛赞五四时期的思想与文学革命。

1936年（民国廿五年）

1月1日，复函丁西林、蒋梦麟、胡适等，对他们倡议集资造屋祝寿一事表示感谢，“誓以余年，益尽力于国家文化的义务”。

1—2月间，出席上海、南京等地的祝寿会，发表演讲。

5月10日领衔六百余人发表《我们对于推行新文字的意见》。9月22日，毛泽东致信蔡元培，请其力促抗日统一战线的建立。

10月，鲁迅逝世，任治丧委员会委员，挽联为：“著作最谨严，岂惟中国小说史；遗言太沉痛，莫作空头文学家。”

冬，忽卧病，此后身体日衰。

1937 年（民国廿六年）

5 月 3 日，到南京主持中研院评议会第三次会议。

11 月初，领衔各大学校长致电华盛顿九国公约会议等，要求严惩日军违反国际公法之罪行。月底，由丁西林、周仁陪同赴港养病。

12 月，《我在教育界的经验》一文发表。

1938 年（民国廿七年）

2 月 28 日在香港主持中央研究院院务会议，总干事朱家骅及 10 所所长均与会。

5 月 20 日应保卫中国大同盟之请出席在香港圣约翰大礼堂举办的美术展览开幕式，发表演讲。

6 月初，为《鲁迅全集》作序。

11 月任命任鸿隽为中央研究院总干事。

12 月为北大四十周年题词，祝愿“他日河山还我，重返故乡，再接再厉，一定有特殊之进步”。

1939 年（民国廿八年）

7 月，被推为国际反侵略运动大会中国分会名誉主席。获悉长女威廉去世，不胜哀伤。

8 月，阅读《西行漫记》《续西行漫记》等。

12 月，为国际反侵略运动大会中国分会创作会歌《满江红》。

1940 年（民国廿九年）

1 月，致函中央研究院评议会秘书长翁文灏，委以中研院评议会有关事务最后决定权。

2 月，延安各界宪政促进会选先生为大会主席团成员。

3 月 3 日，失足扑地，病情加剧。

3 月 5 日 9 时 45 分，逝世于医院，享年 74 岁。夫人周养浩，子无忌、女睟盎、幼子怀新、英多及女婿林恩曾在侧；子柏龄在法研究，未及返港。

3 月 10 日举殡。香港各学校商店均挂半旗志哀。灵柩暂厝东华义庄，后迁葬于香港仔华人公墓。

（选自《蔡元培传》）